親子であそぶ折り紙ヒコーキ

かんたんに作れて、よく飛ぶ13機

スカイ・シンフォニー

ウェーブライダー

ワンダー

戸田拓夫 著
絵と構成　A.デュアー
写真　小野　裕

二見書房

紙ヒコーキを科学する

ジェット・ファイター

スカイキング

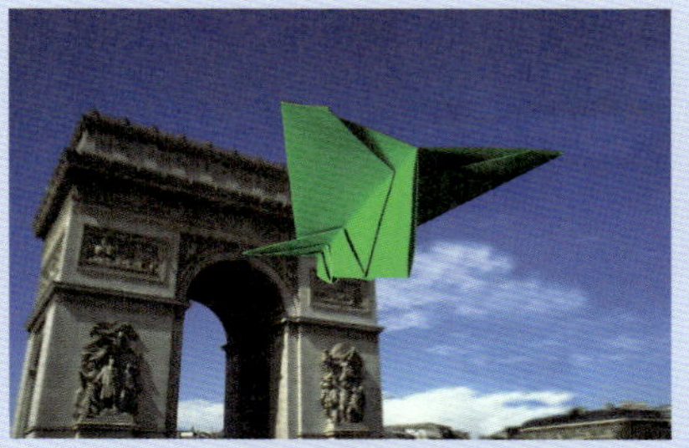
コクーン

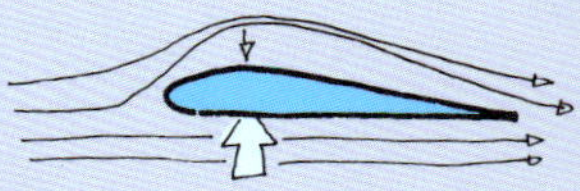

飛行機の翼は上面が少しふくらんでいる。上面を流れる気流は下よりも速くなり、空気圧も下がる。この気圧の差によって翼は上に持ち上げられる。スプーンを水道の水にあてると、同じ現象がみられる。

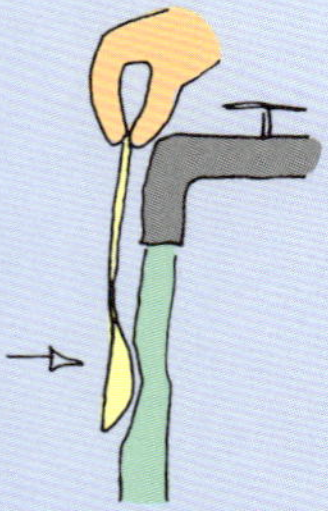

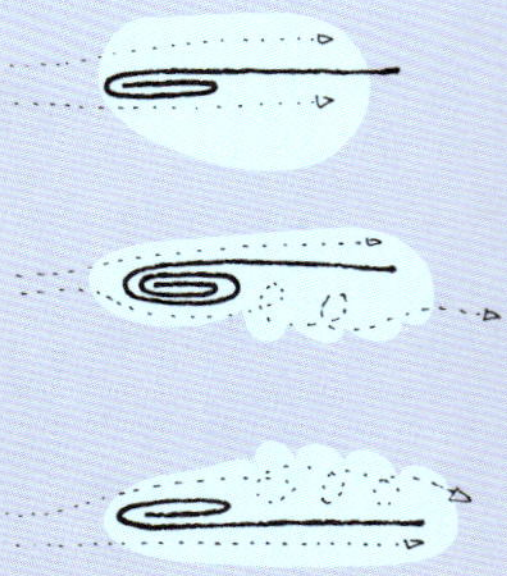

紙ヒコーキの翼は紙を折り重ねて作るが、うすい方が気流がきれいに流れてよく飛ぶ。厚すぎたり折り重ねた方を上面にすると、気流が乱れて翼の機能はなくなる。

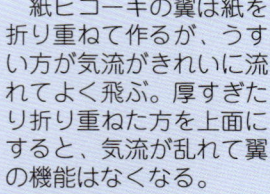

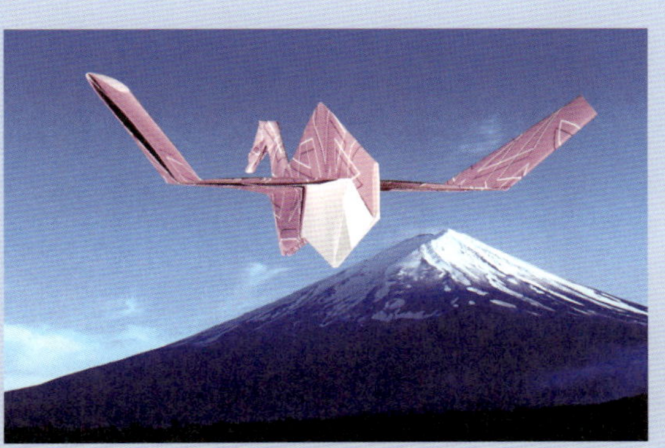

ニュー折り鶴号

つばめ

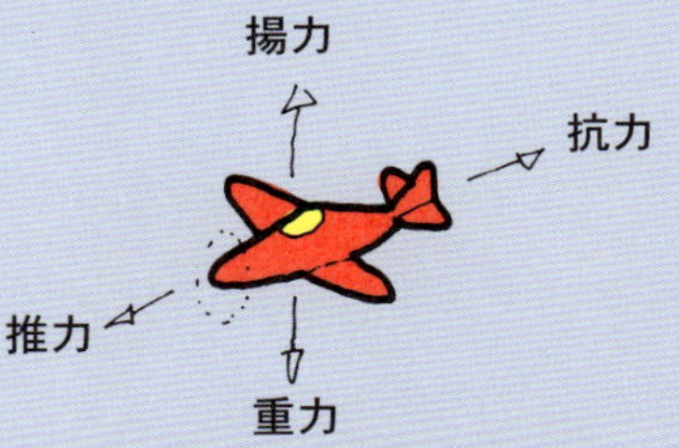

飛んでいる飛行機には4つの力がかかっている。4つのバランスがとれていないと飛行機は飛ばない。エンジンのない紙ヒコーキの推力は、揚力と重力のバランスから生まれる。

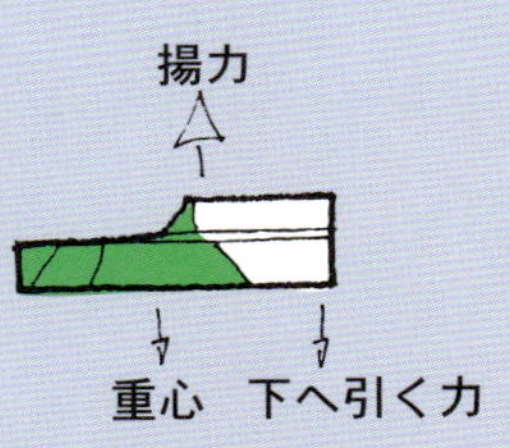

折り紙ヒコーキは前部を折り重ねて重くすることによって、飛行バランスをとっている。先端を少し重くし、翼のうしろを調節すると、安定性がよくなる。

★翼だけの折り紙ヒコーキを飛ばしてみよう

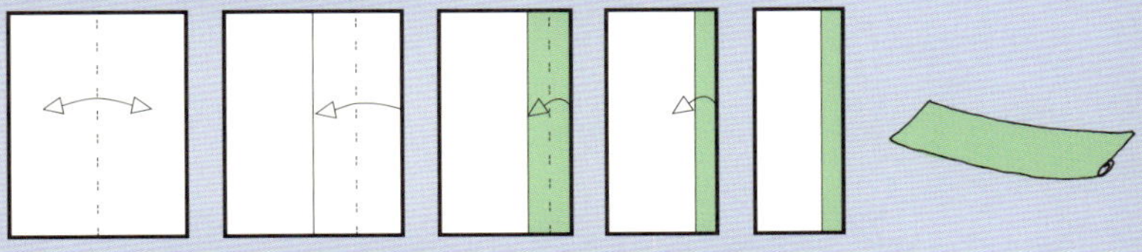

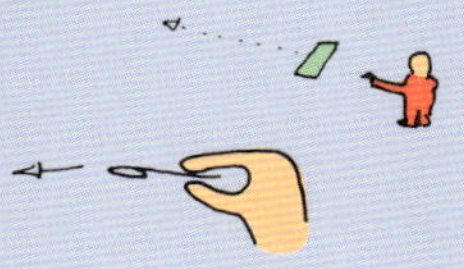

これはバランスがよくわかる翼だけの折り紙ヒコーキ。尾翼もなく、後部のひねりもないので、バランスが大事。やさしく水平に押し出すように投げるとふんわりと飛ぶが、強く投げると揚力の中心が重心からはなれ、バランスがくずれる。

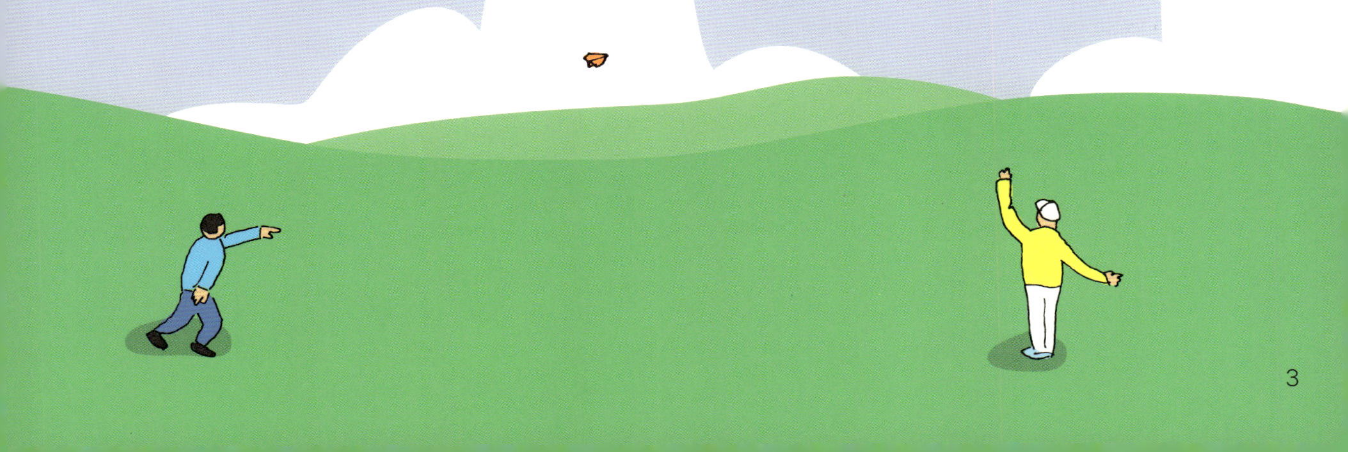

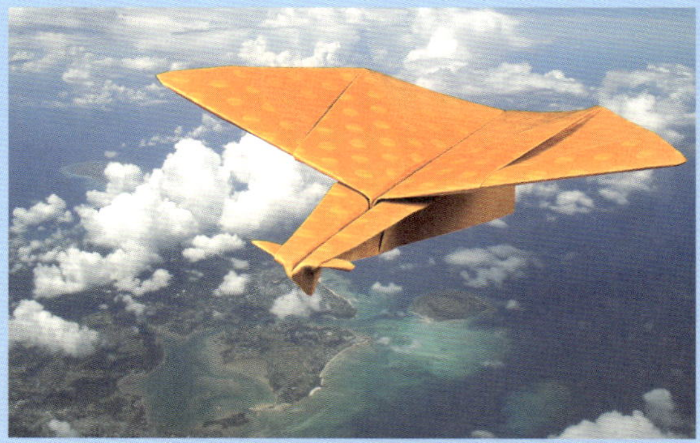

怪獣ギャラス

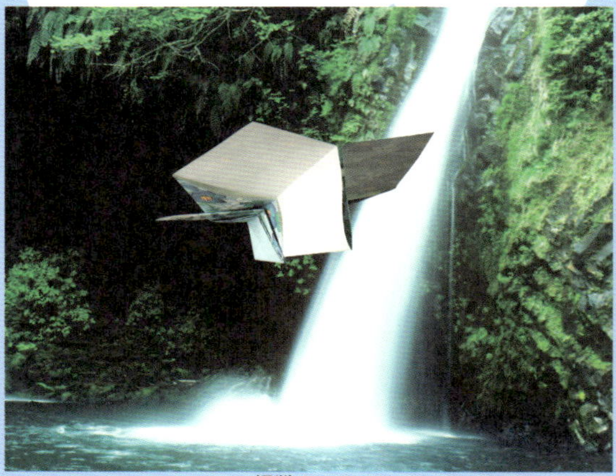

怪獣トロトロ

ほたる

同じ面積でも、短く太い翼より細長い翼の方が空気抵抗が少なく、よく飛ぶ。しかし、細長い翼は弱いので、紙ヒコーキに向かない。

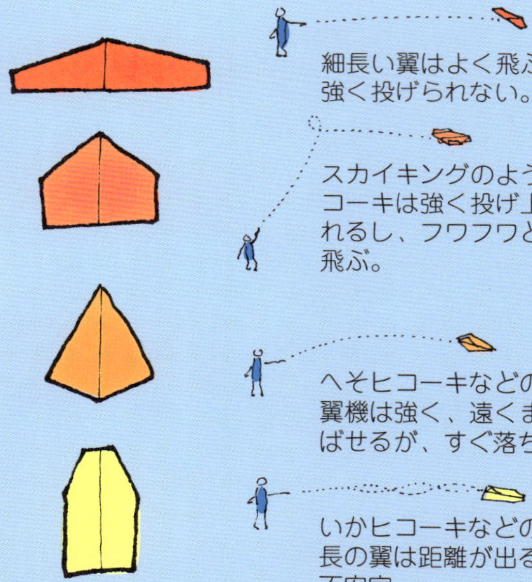

細長い翼はよく飛ぶが、強く投げられない。

スカイキングのようなヒコーキは強く投げ上げられるし、フワフワと長く飛ぶ。

へそヒコーキなどの三角翼機は強く、遠くまで飛ばせるが、すぐ落ちる。

いかヒコーキなどのタテ長の翼は距離が出るが、不安定。

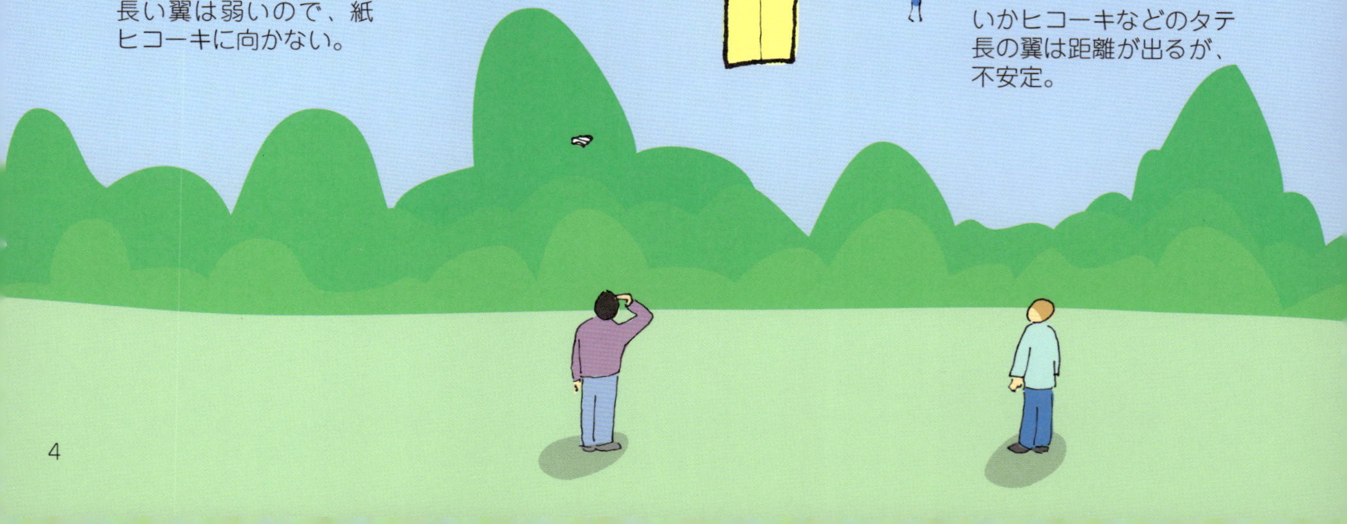

ビーバー

へそヒコーキ

滞空時間をのばすには空気抵抗を減らすこと。角ばっているより、薄くなめらかな形の方が、気流を乱さないので、よく飛ぶ。

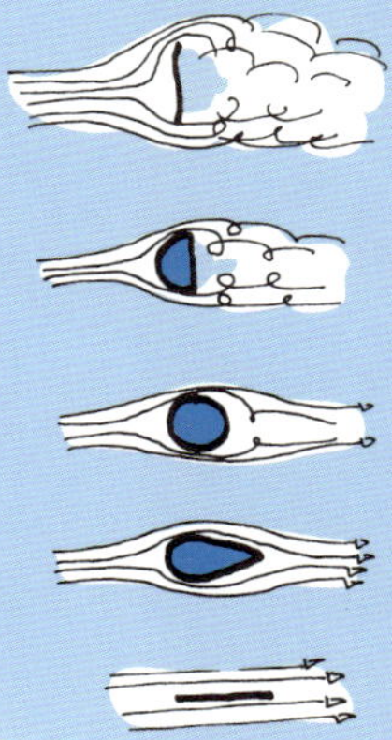

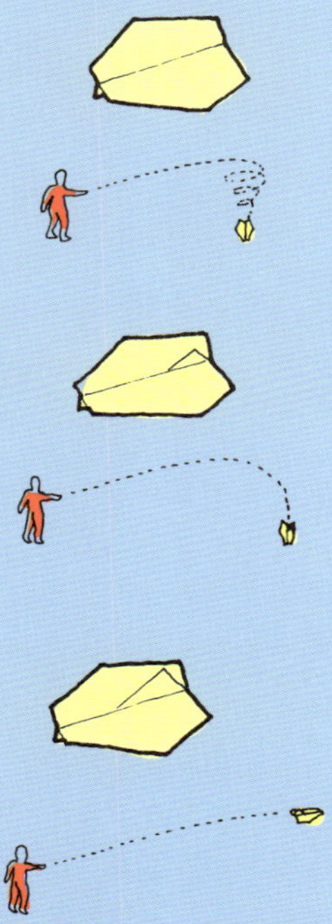

紙ヒコーキには、方向安定も大事。へそヒコーキなどは胴体も垂直尾翼も方向を安定させてくれるが、その面積が足りないとクルクルと落下する。垂直尾翼は大きい方がいい。

紙ヒコーキの歴史

折り紙ヒコーキの起源はいつごろなのだろうか？　はっきりした記録もないし、大昔の紙ヒコーキも保存されていない。しかし、今から1900年前に中国で紙が発明されたころから、折り紙をして、紙ヒコーキを折って飛ばした人がいたにちがいない。貴重な紙を捨てる前に、紙ヒコーキを作って遊んだのだろうが、だれもそのことを書き残さなかった。

日本の平安時代に、陰陽師の安倍晴明（あべのせいめい、921～1005年）をめぐる物語に、紙ヒコーキと思えるものが登場する。「懐（ふところ）より紙を取り出し鳥の姿に引き結びて、呪を誦じかけて空へ投げ上げたれば、たちまち白鷺になりて、南をさして飛び行きけり」と『宇治拾遺物語』にあるが、平安朝の宮中では鳥の形の折り紙ヒコーキを飛ばしていたのだろう。

江戸時代になると、紙は庶民の手にも入りやすくなり、折り紙も楽しまれ、飾り物が人気を呼んだりした。寺小屋で折り鶴を折って飛ばしている絵も残っているくらいだから、ほかの形のヒコーキも折って飛ばしていたにちがいない。とはいっても、まだ飛行機はこの世に存在していなかったが……。

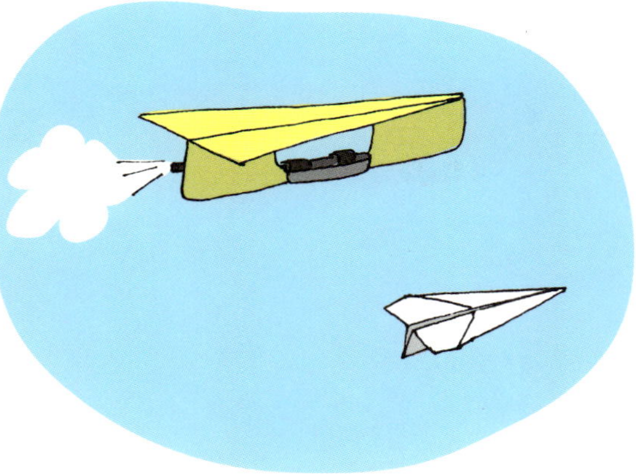

欧米では、紙そのものが13世紀になるまでなかったために、紙ヒコーキはもっと後に現れた。19世紀になると、男子学校でヤリ型の紙ヒコーキを折って飛ばす光景が見られるようになる。1867年、イギリス人のバトラーとエドワーズが考案した蒸気飛行機は（飛ばなかったが）、まさに折り紙ヒコーキをかたどっていた。

いつの時代も、高いところは紙ヒコーキのメッカとなる。1889年、パリ万博でエッフェル塔ができると、多くの少年たちが登って紙ヒコーキを飛ばした。なかには、空のかなたに飛び去って視界から消えたヒコーキもあったという。その13年後の1902年、アメリカのライト兄弟が本物の飛行機「フライヤー号」を飛ばした。

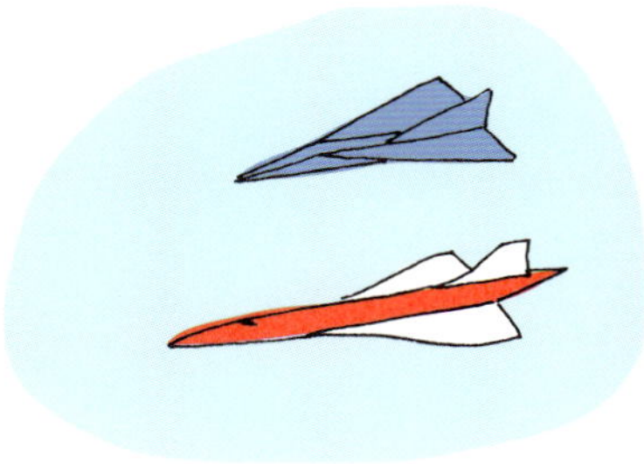

バトラーとエドワーズから100年後……。超音速旅客機コンコルドがテスト飛行をしようとしていた。この最新機がヤリ型・紙ヒコーキによく似ているので、紙ヒコーキがさらに新技術を生み出すかもしれないと思われた。「サイエンティフィック・アメリカン」誌は、未来の飛行機を考えようと紙ヒコーキ・コンテストを催した。すると驚いたことに、12000機ものさまざまな紙ヒコーキを作って子どもたちが応募してきた。なかには最先端をいく型もあった。この国際コンテストで紙ヒコーキはようやく市民権を得た。子どもたちの遊びが、未来を切りひらいていく。

自分でオリジナルの紙ヒコーキを作ってみよう

使用する紙の形と、最初の折り方でヒコーキの形が決まる。正方形の紙はコンパクトなヒコーキになる。紙の縁と平行に折ると三角翼ができる。対角線で折ると四角い翼と大きな尾翼ができる。長方形の紙ならゆとりがあるから、長い翼、長い機体を作れる。

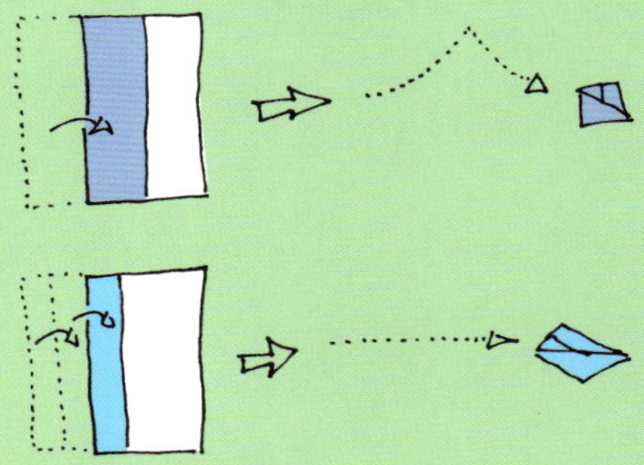

安定よく飛ばすには、重心をなるべく前にもっていく。前部の折り重ねが多いほど前が重くなり、バランスがよくなる。飛ばして失速するなら、前部の折りを増やしてみるといい。

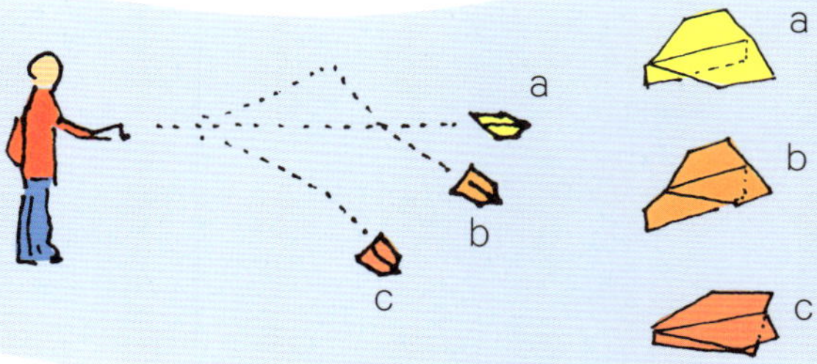

作ったオリジナル機がうまく飛ばなくても、あきらめない。翼を折り直したりして調整しよう。aの飛び方ならオーケー。bのように失速するなら、翼を少し小さくし、後ろへ下げると機首の重みが効く。cのように落下するときは後部を大きめにすると、重心が後ろに下がり機首が上がる。

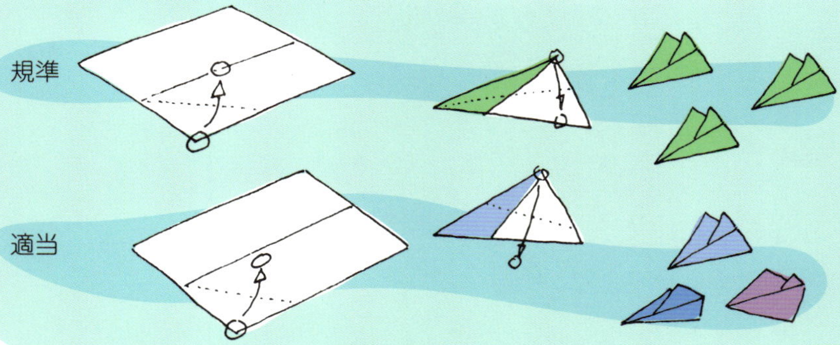

せっかく自分でデザインして作っても、再現できないと困る。適当に折るのではなく、角や折り目を基準にしておけば、何度でも同じヒコーキが折れる。

どうしても飛んでくれないものは、その理由をよく考えてから、丸めて投げよう。白紙にもどって、また挑戦しよう！

かんたんに折れて、よく飛ぶ紙ヒコーキ 13機

へそヒコーキ（長方形の紙を使用。折り方はP16）

なにはさておき、まずこれが折り紙ヒコーキの代表的な入門機です。初めて折った人でも、そこそこ飛んでくれるのが魅力です。世界じゅうの国でポプラーに折られているへそヒコーキ‥‥その起原について、私はしばしば質問を受けます。たしかな歴史はわかりませんが、折り紙という文化が生まれ、発展したのは、まちがいなく日本であることは世界で認められています。そのなかにあって、折り紙らしいテクニックがみられるこの機は、日本で誕生したといってもいいと考えられています。

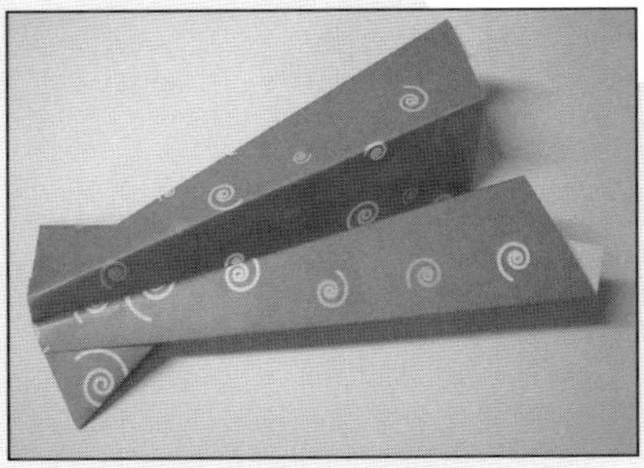

コクーン －イカ・ヒコーキの一種－（正方形の紙を使用。折り方はP17）

2004年6月、北海道・函館での紙ヒコーキの指導員養成講座では、夜間にもかかわらず遠路はるばる参加された方もありました。函館はいか漁の街です。そこでイカ・ヒコーキだけで競技会をしようということになりました。イカ・ヒコーキの仲間は50種類くらいありますが、先端の飛び出た部分の形により、どこまでをイカ・ヒコーキと呼んでいいか、むずかしいところです。私はこの先端の小さな翼のような部分が、滑空の安定性を生み出していると考えています。

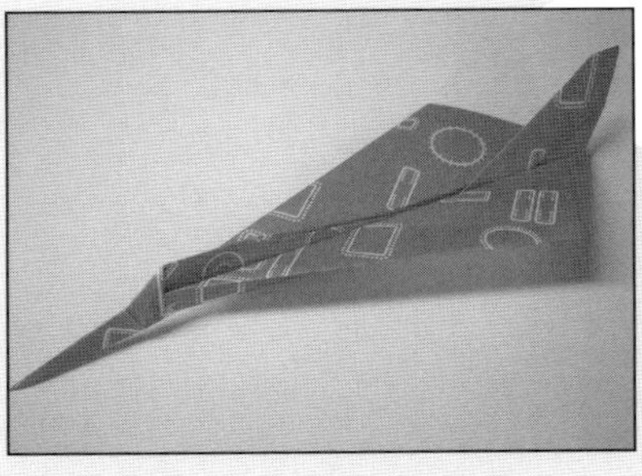

ジェット・ファイター（正方形の紙を使用。折り方はP18）

正方形の紙で折る距離競技用では、飛行性能も高く、格好のいいヒコーキです。これまでの折り紙ヒコーキでは、胴体の中間に翼をもってくることはむずかしいと考えられていました。翼の折り返しを先端部が抱き込み、さらに実機のコックピットを表現したこの折りは、私の開発した折りの中でも特に好きなものです。この折りを利用して、さまざまな展開が可能になりました。

スカイキング（長方形の紙を使用。折り方はP20）

滞空時間競技では最も安定した飛行を見せてくれる人気のヒコーキです。前方の重心がきいていて、さらに翼が開かないようにした折りがポイントです。先端の折りのテクニックはさまざまな応用が可能で、投げ上げに対する飛行性能を高める効果があります。世界滞空時間記録保有者、米国のケン・ブラックバーンさんがテープ使用不可のルールで17.1秒の滞空時間記録を持っていましたが、その記録を破ったのがこのスカイキング（空の王者）です。

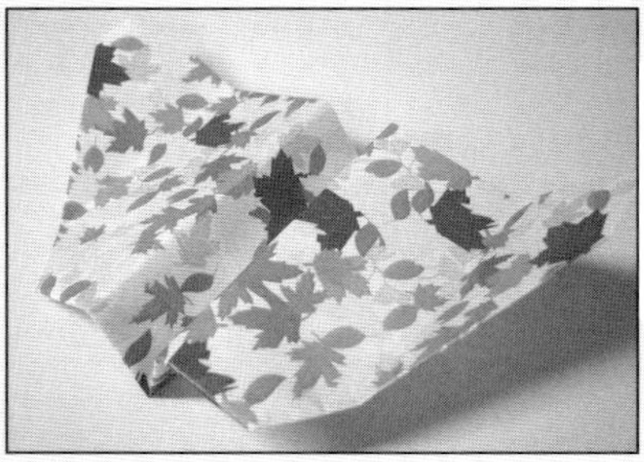

ワンダー（正方形の紙を使用。折り方はP22）

このすっきりしたヒコーキは、折り紙ヒコーキの仲間たちが試行錯誤を重ねながら作った、とても折りやすい機です。身近にある色紙などを利用して、小さな子供でもかんたんに作ることができます。むずかしい折り紙が苦手な人でも、このヒコーキなら大丈夫。シンプルでなかなかカッコいいスタイルをしています。室内でふわりと飛ばして遊ぶのに向いています。

ビーバー（正方形の紙を使用。折り方はP24）

ビーバーはヒコーキにしては太りすぎではない？と思う人もいるかもしれませんが、ビーバーが気持ちよく水の中をスイスイと泳いでいるのをイメージして考案しました。正方形の対角線を中心とする折りは、垂直尾翼になる箇所の面積がとりやすいので、方向安定性に優れています。しっぽの後端部分をわずかに右にひねるとヒコーキは右方向にまがり、左にひねると左に進む。本物のビーバーもしっぽを方向舵のように使っています。

スカイ・シンフォニー（正方形の紙を使用。折り方はP26）

ハンググライダー型のヒコーキのなかでは、わりに折り方が簡単といっていいでしょう。翼が横長なために、強い投げ上げには耐えられません。室内飛行か、屋外なら高台からフワリと飛行させるのに向いています。上昇気流にうまく乗れば、ゆっくりと螺旋飛行をしながら上昇し、没視界（遠くまで飛んで視界から消えること）も可能な機種です。

つばめ（正方形の紙を使用。折り方はP28）

つばめをイメージした折り紙ヒコーキです。子供のころ「つばめは南の国からやってくる」と聞かされていましたが、どこから飛んでくるんでしょうか？　私は仕事でよくフィリピンやタイに行きますが、ほとんど見かけません。最近は日本でもあまり見かけないので、もっと住みやすいところを見つけたのでしょうか？　ちょっと気になります。このヒコーキを飛ばしていると、仲間だと思って近づいてきてくれないか、と期待したいところです。

怪獣ギャラス（正方形の紙を使用。折り方はP30）

むかし、人気テレビ番組「ウルトラマン」に、これによく似た怪獣が出ていました。かなり人気のある怪獣だったので、昭和30年前後の生まれの人は、すぐにおわかりでしょう。その名をもらうことはできませんが、もしお許しが出れば使いたいところです。本物の飛行機では、こんな奇妙な形は作らないでしょうが、折り紙ヒコーキでは、あれこれ考えながら、どんな形にもチャレンジできます。

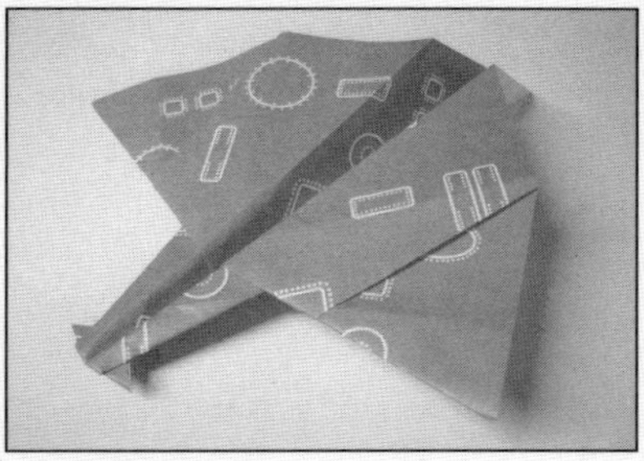

怪獣トロトロ（長方形の紙を使用。折り方はP32）

アニメに出てくるような、ずんぐりした「森の妖精」みたいなデザインの紙ヒコーキです。形に似合わず、なかなかきれいな飛行を見せてくれます。これは滞空用でも距離用でもなく、ただトロトロと空を飛んでいくという感じなので、怪獣トロトロと名付けました。このヒコーキのように、あまり飛行機らしい形にはこだわらず、自由な表現で折り紙ヒコーキの可能性を見つけていきたいと考えています。

ほたる（長方形の紙を使用。折り方はP34）

福岡県の上陽町の「ふるさとわらべ館」というところで何回か折り紙ヒコーキの指導をさせていただきました。この町は蛍の多いところなので、6月頃に指導に行くことになったとき、蛍のヒコーキをつくってくれないかという依頼がありました。すぐにできると思って作り始めたのですが、蛍らしい形の機は折りがむずかしくなり、簡単な折りは蛍に見えないので悪戦苦闘しました。ようやく完成したのがこのヒコーキ。ちょっとゴキブリにも似ていますが。

ニュー折り鶴号（長方形の紙を使用。折り方はP36）

2004年2月、久米宏さんの「ニュース・ステーション」で紹介してもらったヒコーキです。広島県神石高原町にある「とよまつ紙ヒコーキ・タワー」から1m近い大きさの「折り鶴号」（『飛べとべ紙ヒコーキ』収録）を飛ばしてほしい、という番組企画でした。しかし、折り鶴号はA4サイズの紙で折らないとうまく飛びません。そこで、改良を加えたのがこの新型機です。そしてテレビの撮影では‥‥本物の鶴が残雪の残る村に舞い降りるように悠然とした飛行を見せてくれました。

ウェーブライダー（長方形の紙を使用。折り方はP38）

NASAかどこかの航空宇宙研究所の未来の超音速機構想のなかに、こういう名前のものがありました。翼の途中からの角度は、垂直尾翼の補助機能をもつので重要です。機体がよじれていないか確認して飛ばしてください。子供のころ友達が本物そっくりの模型飛行機を飛ばすのをうらやましく眺めていた私は、それから数年後、自分で設計して模型飛行機を作る技術を身につけ、さらに折り紙でそれを再現できないかと試みました。この機はそうして誕生した、立体型の折り紙ヒコーキです。

折り紙ヒコーキの作り方

道具

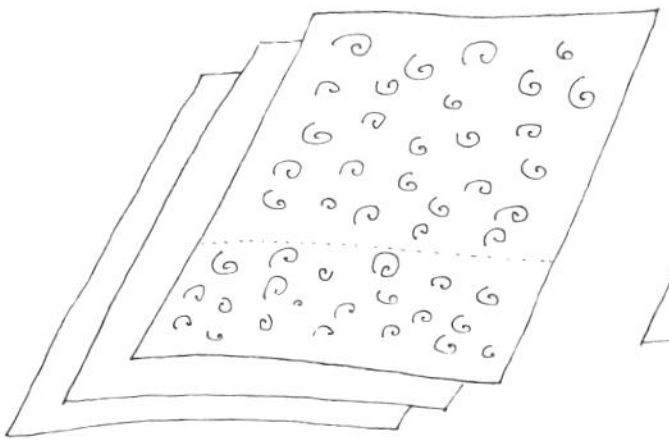

B5の紙

正方形の紙
(B5の紙を点線で
切って使う)

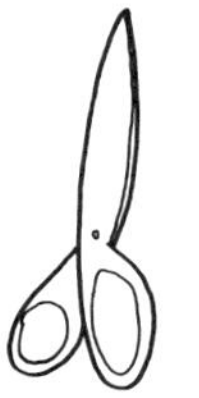

はさみ

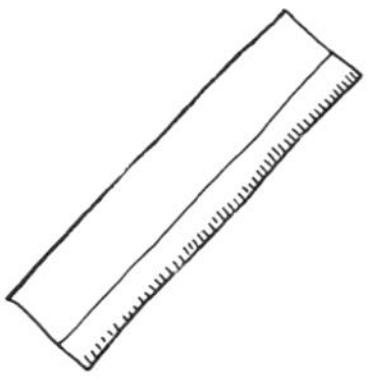

定規

テープ

紙の表と裏

折り紙ヒコーキの作り方の説明では、用紙の表とうらを色分けしている。色のついている表を伏せてから折りはじめる。ただし、「コクーン」と「ほたる」だけは表を上にして折る。

紙の表

紙のうら

折りの基本

線の種類

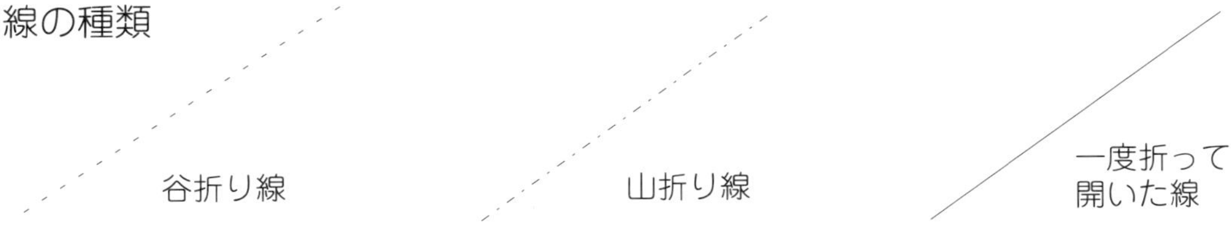

谷折り線　山折り線　一度折って開いた線

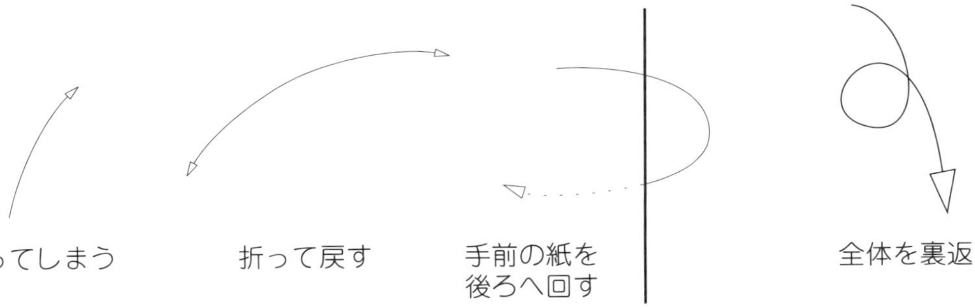

折ってしまう　折って戻す　手前の紙を後ろへ回す　全体を裏返す

テープを貼る

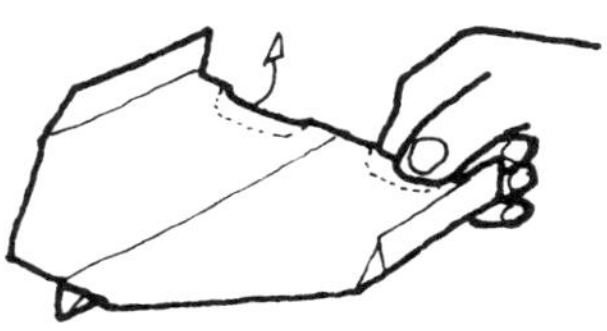

翼の後方を爪をたてるようにしてわずかに上にひねる。これがヒコーキの「昇降舵」となる

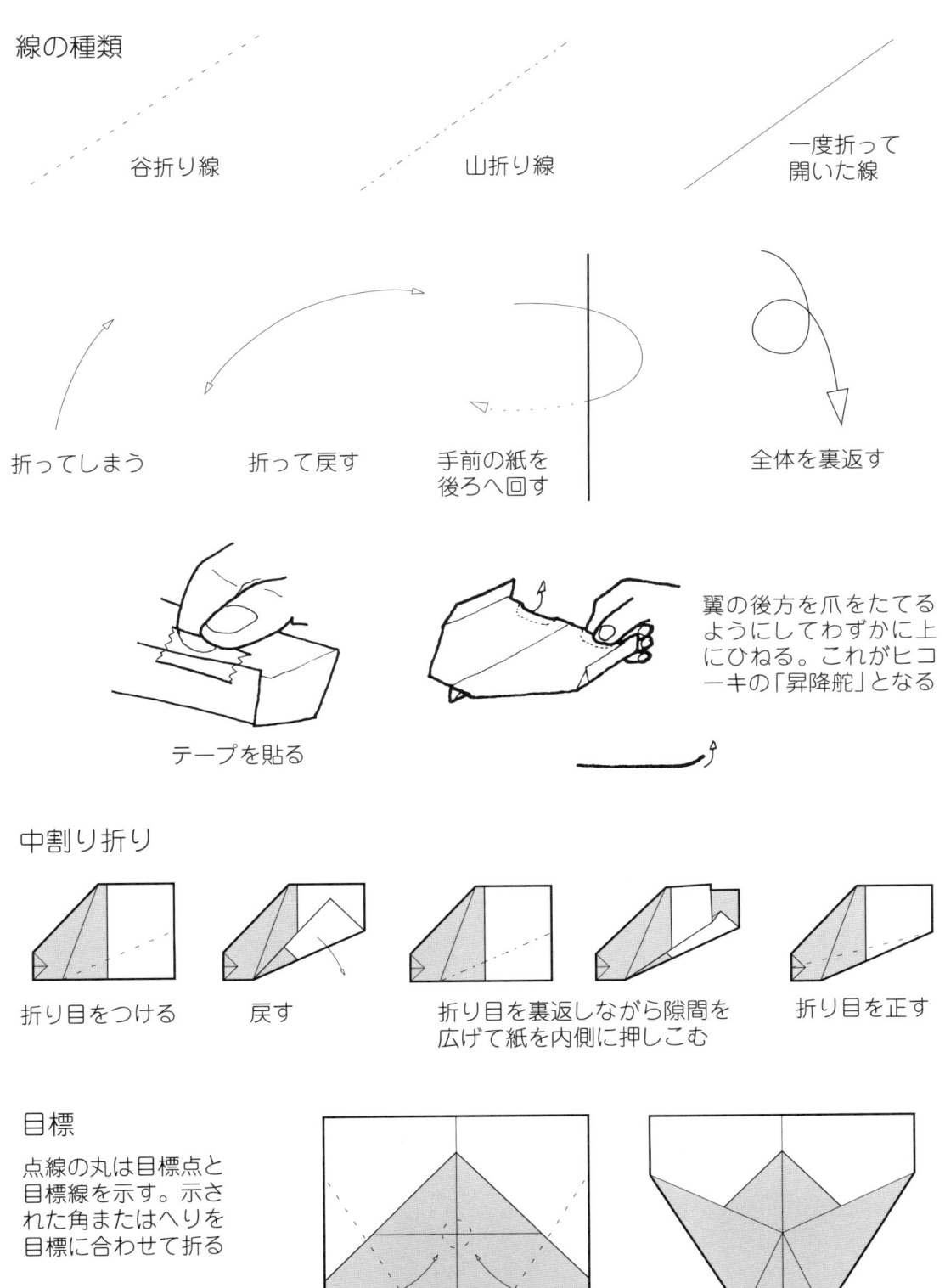

中割り折り

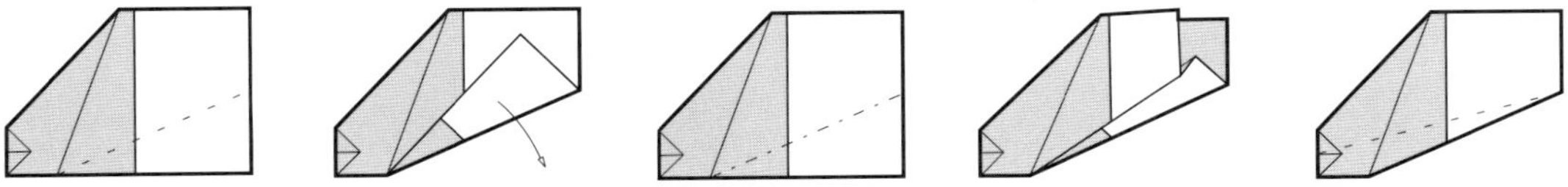

折り目をつける　戻す　折り目を裏返しながら隙間を広げて紙を内側に押しこむ　折り目を正す

目標

点線の丸は目標点と目標線を示す。示された角またはへりを目標に合わせて折る

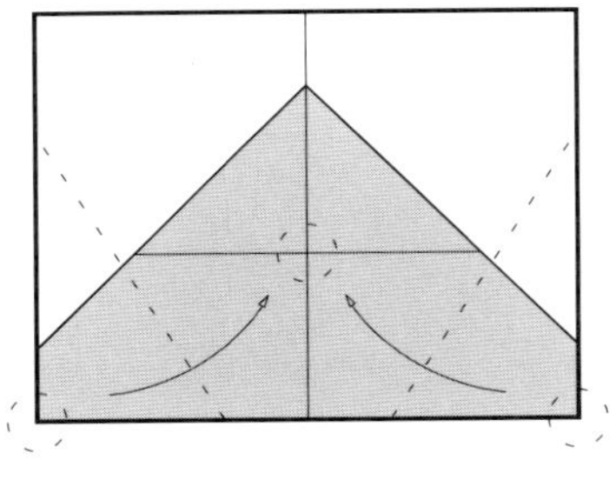

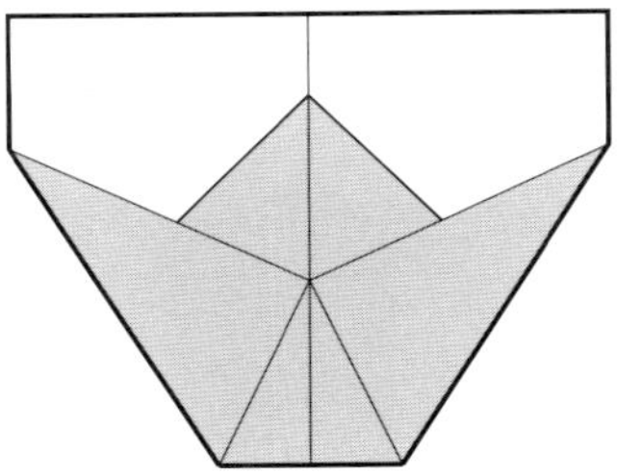

機体のチェック

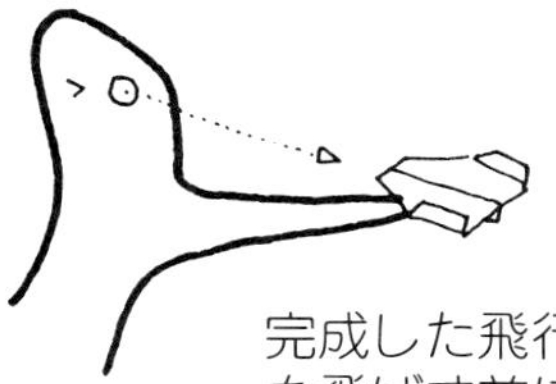

完成した飛行機を飛ばす前に正面からよく見る

機体がねじれていると飛ばない！主翼と尾翼がまっすぐになるように指でひねって直す

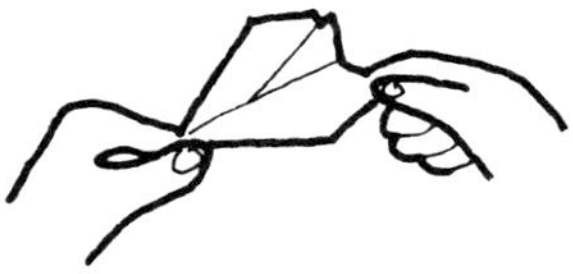

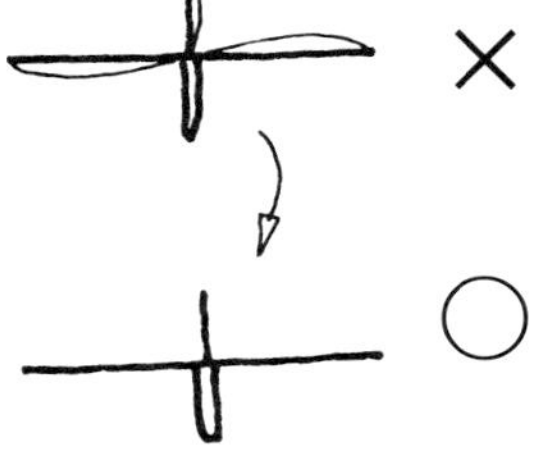

テスト飛行

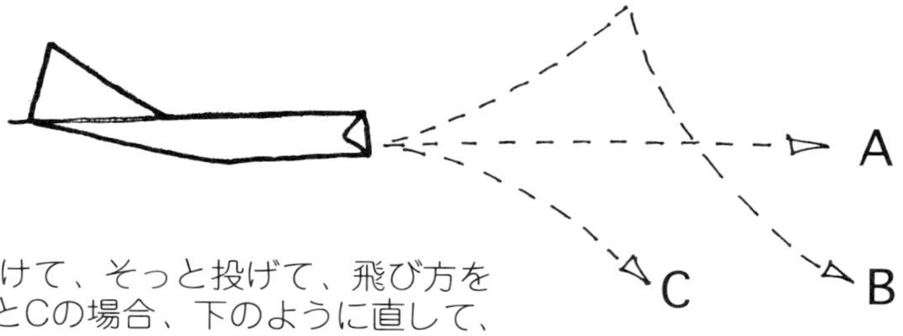

まっすぐ前方に向けて、そっと投げて、飛び方をチェックする。BとCの場合、下のように直して、Aのように飛ぶまでテストと調整をくり返す

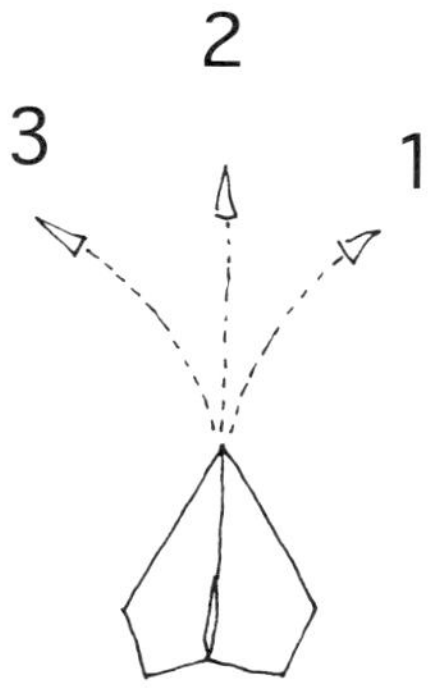

左右に曲がるときも、テストと調整をする

ちょうどいい

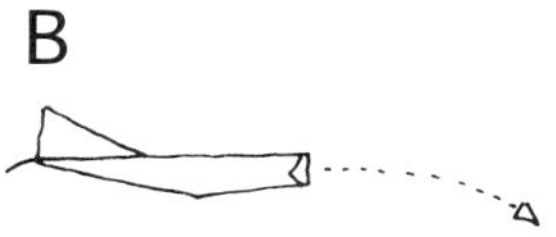

失速しないよう昇降舵を少しずつ下へ曲げてみる

急降下しないよう昇降舵を少しずつ上へ曲げてみる

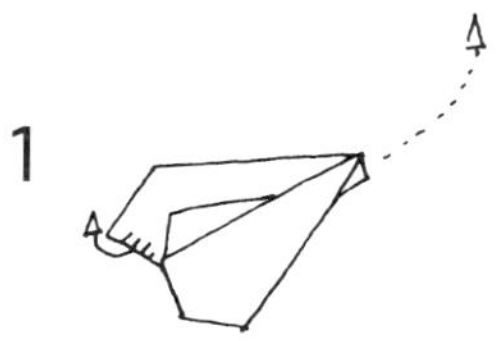

右旋回を直すには‥‥左側の昇降舵をわずかに上へ曲げる

ちょうどいい

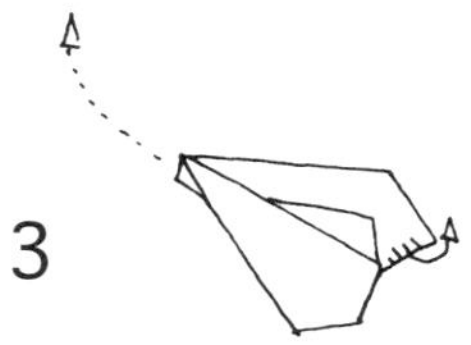

右旋回を直すには‥‥左側の昇降舵をわずかに上へ曲げる

高く飛ばすには

「スカイキング」のような滞空時間の長いタイプは、できるだけ高く上空に投げ上げる。風のない日に飛ばしてみよう。ぐっと身をかがめて、まっすぐ真上に向けて思いきり投げ上げる。うまく発射された機は、上空で旋回飛行に移って、みごとな滑空を見せてくれる。

へそヒコーキ

1

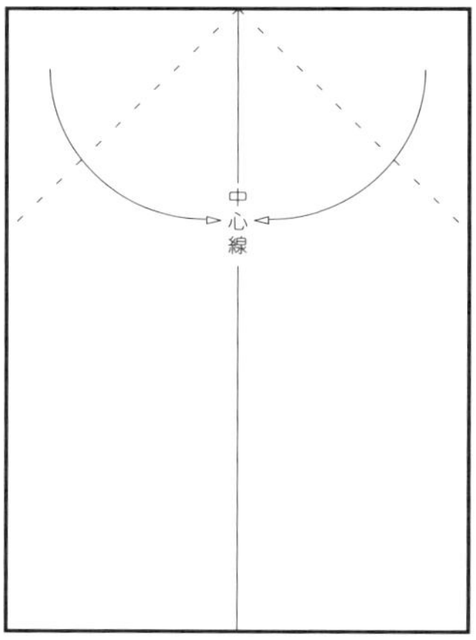

センターに合わせて折る

2

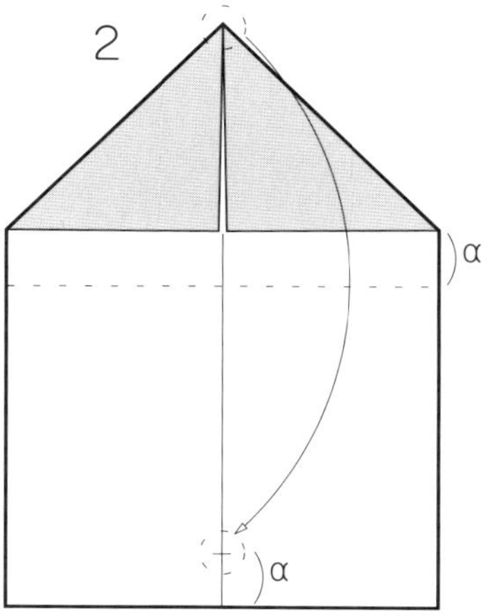

α の幅が同じになるように折る

3

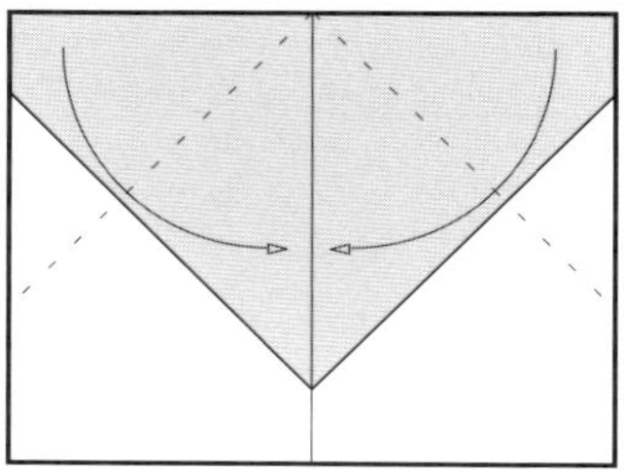

4

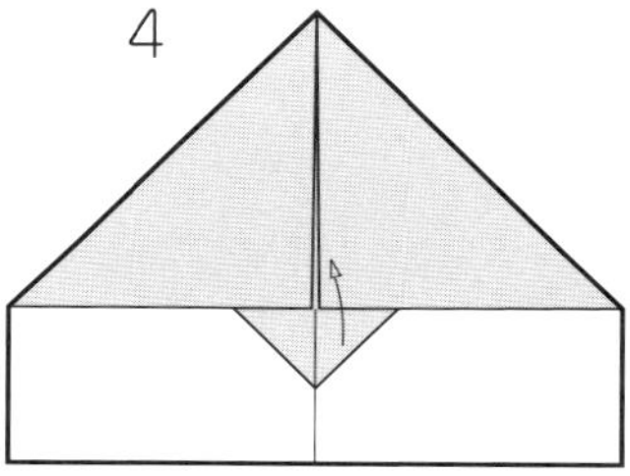

5

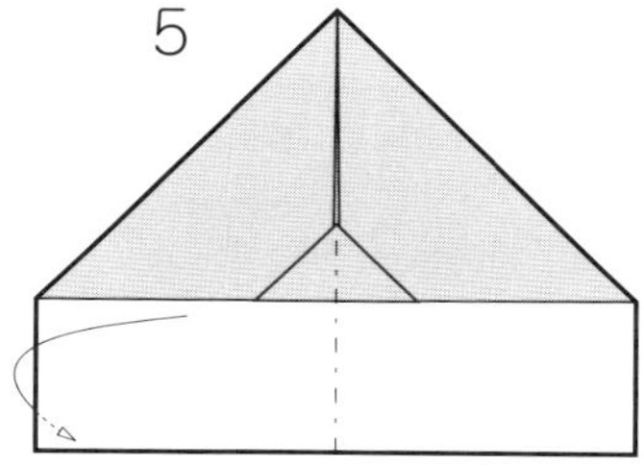

半分に折る

6

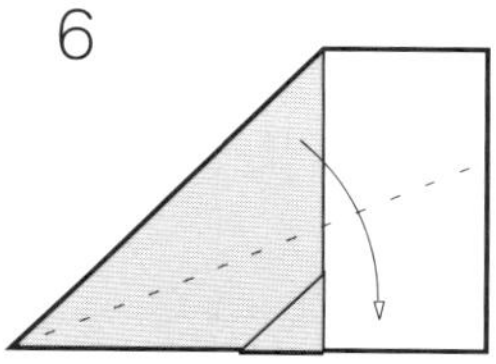

翼を折る（反対側も）

7

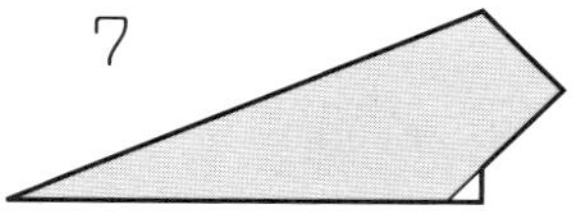

三面図のように翼をひらく

三面図

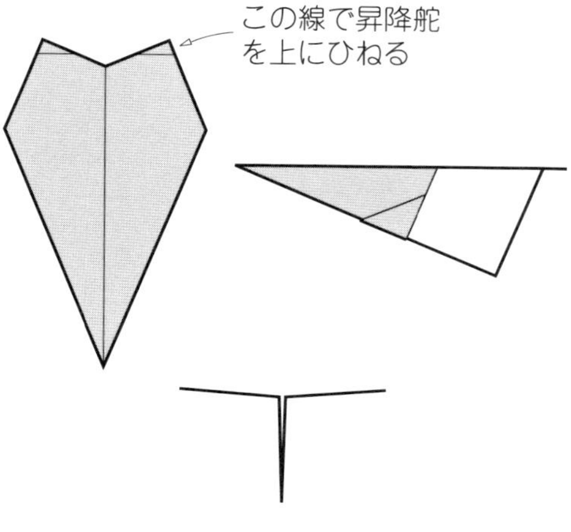

コクーン

1
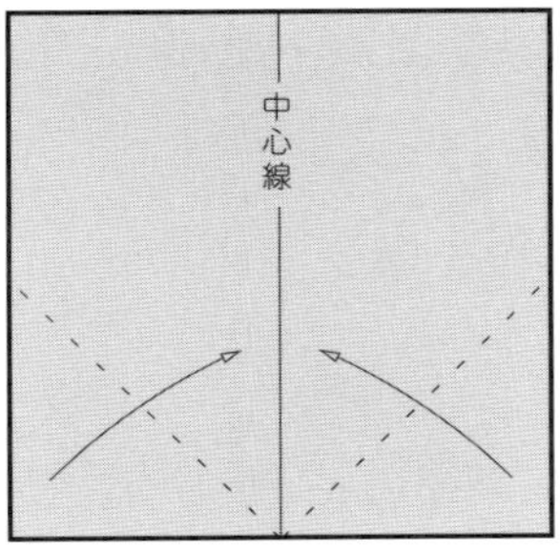

2
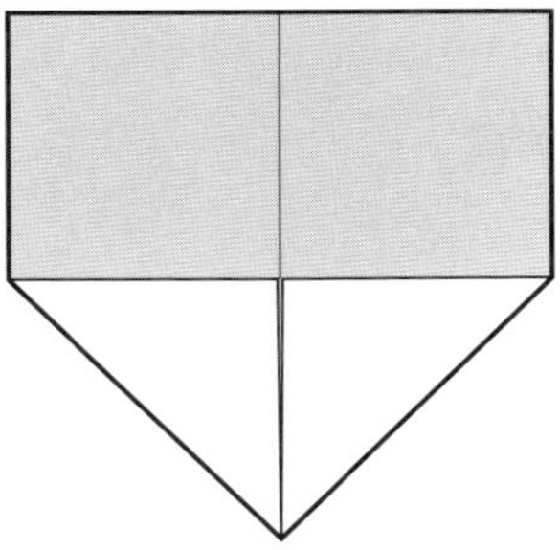

3
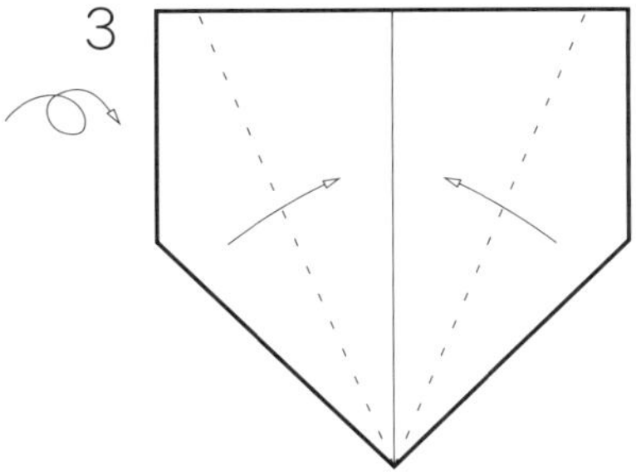

うらがえす

4
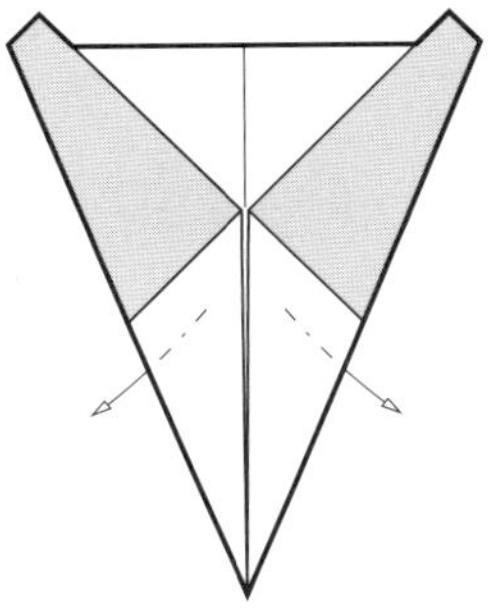

下から紙を引き出す

5
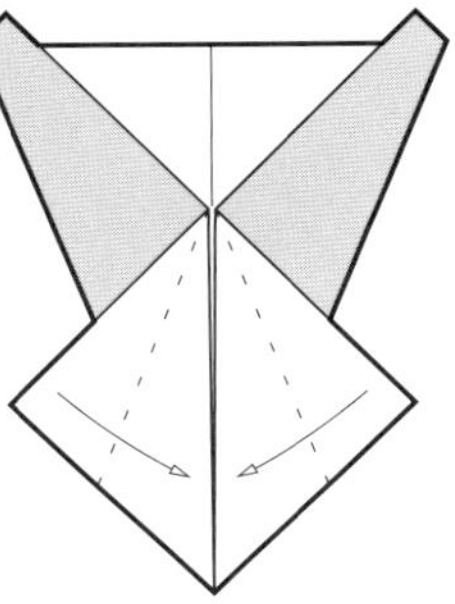

6
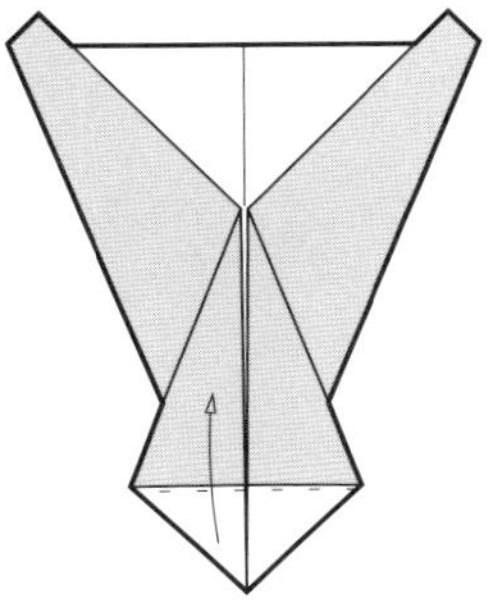

7
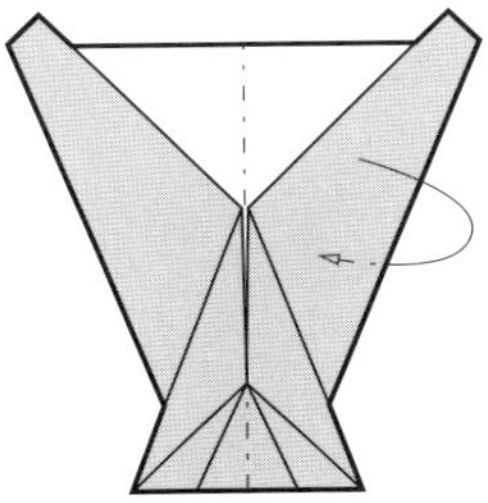

うら側に折る

8
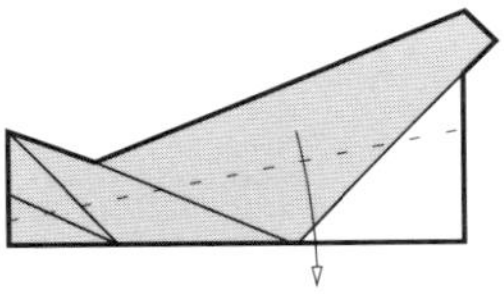

9
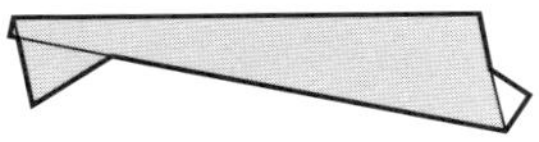

三面図のようにひらく

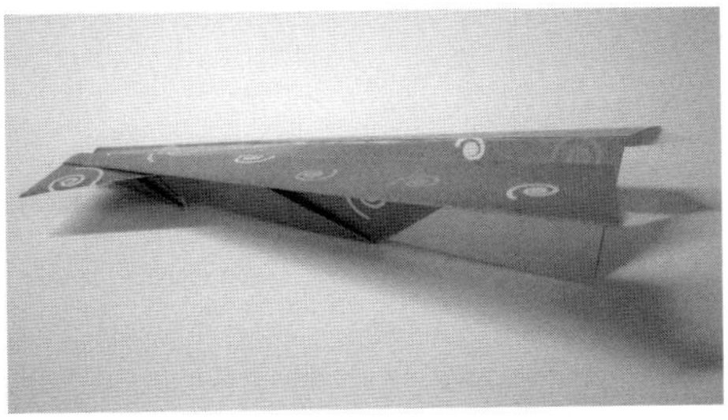

三面図

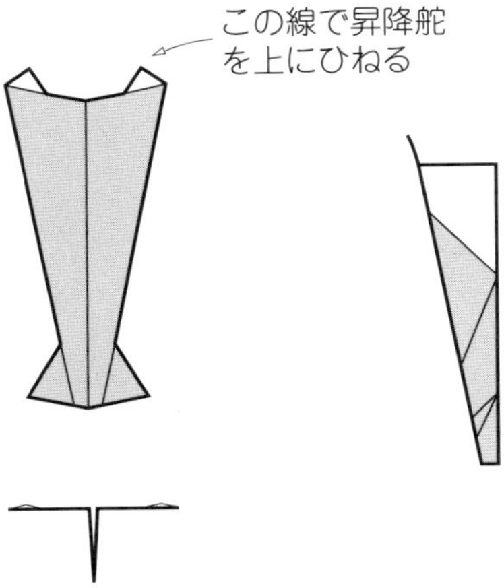

ジェット・ファイター

1

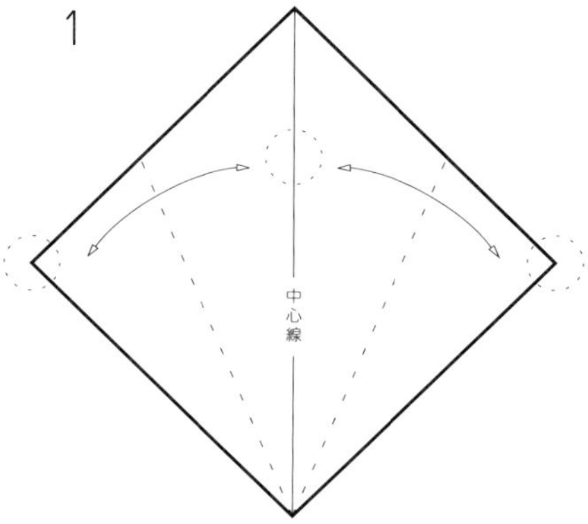

折って戻す

2

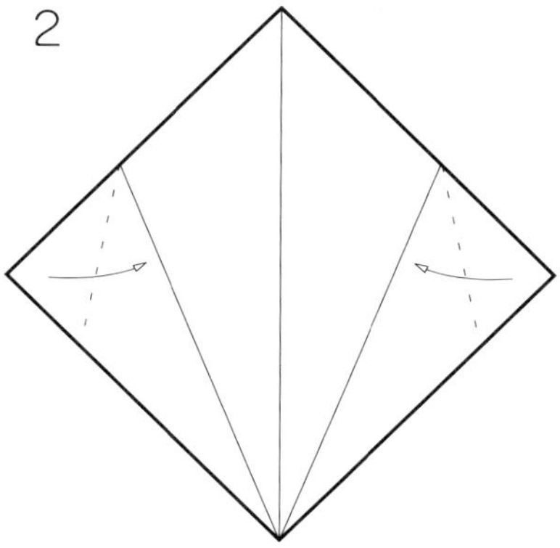

3

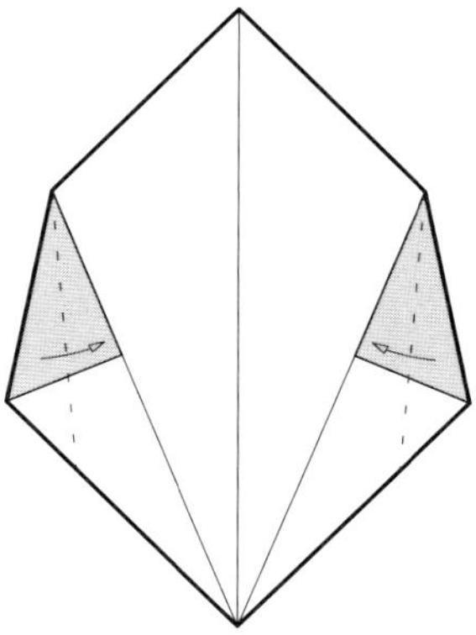

4

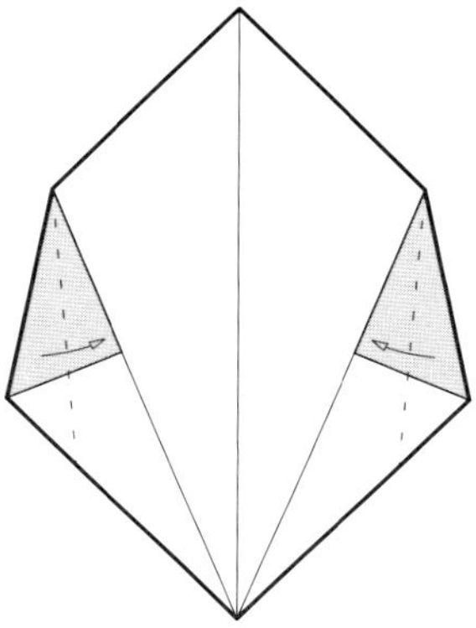

5

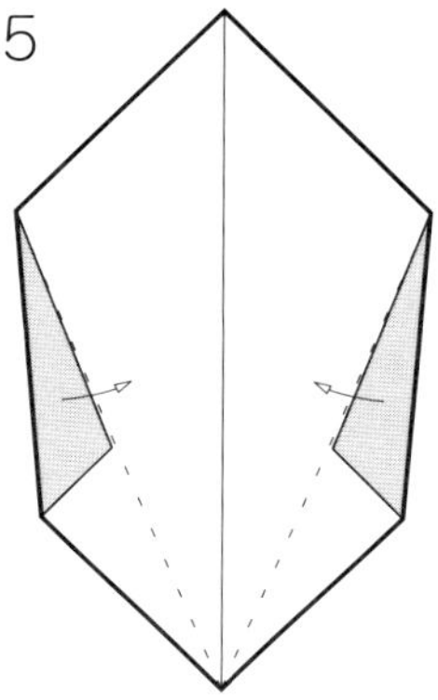

6

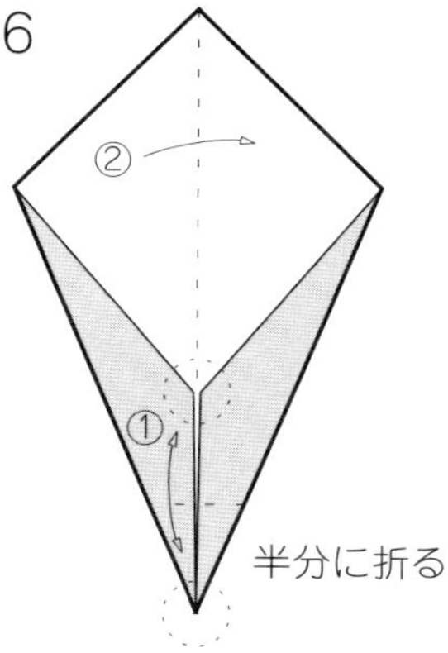

半分に折る

7

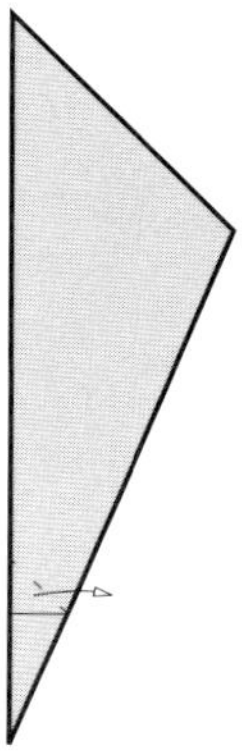

8

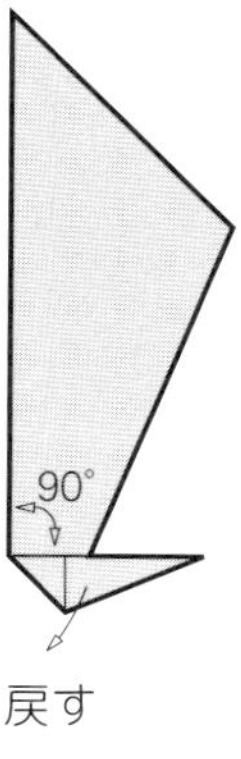

戻す

9

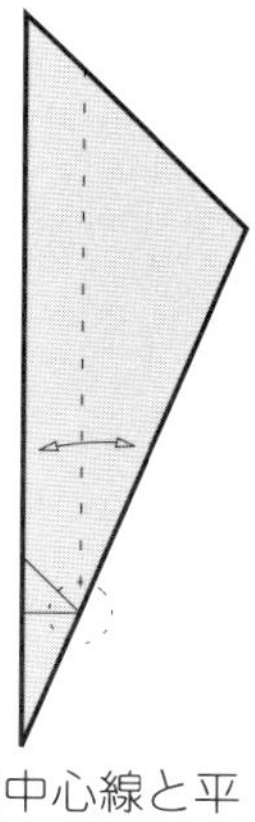

両側ともに中心線と平行に折って戻す

10

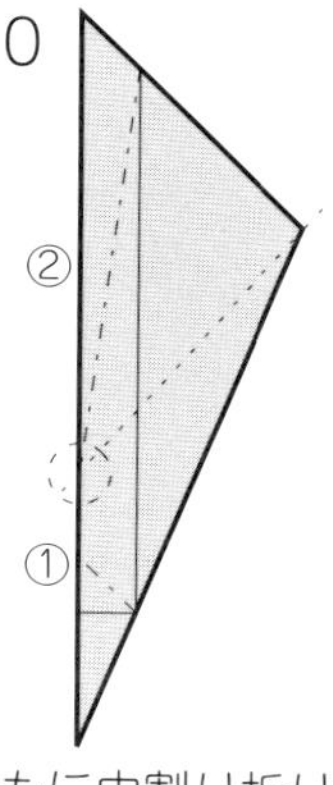

①②ともに中割り折り。○印は内側の折り目に合わせる

11

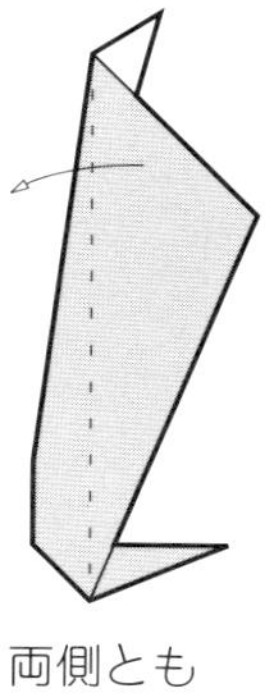

両側とも

12

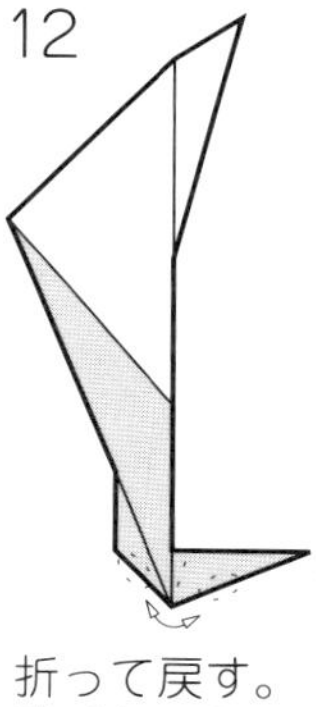

折って戻す。強く折り目をつける

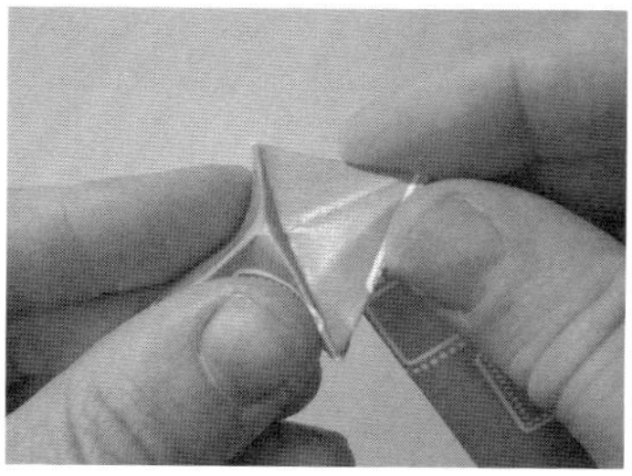

機首をつまんでうしろへ曲げながら、上へ押して折る

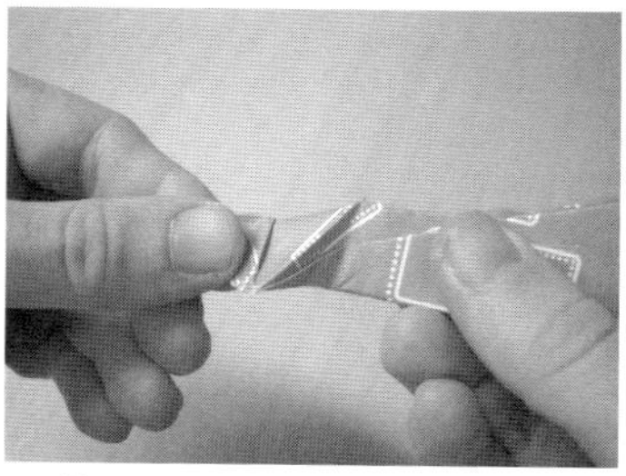

機首をいったん上に引いてのばす

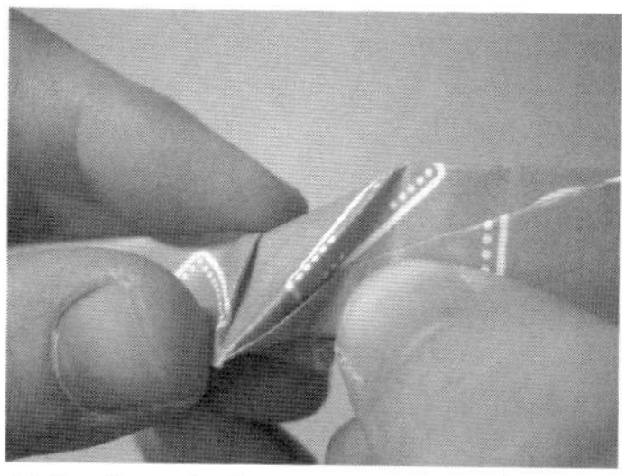

前に作った折り目で折り直す

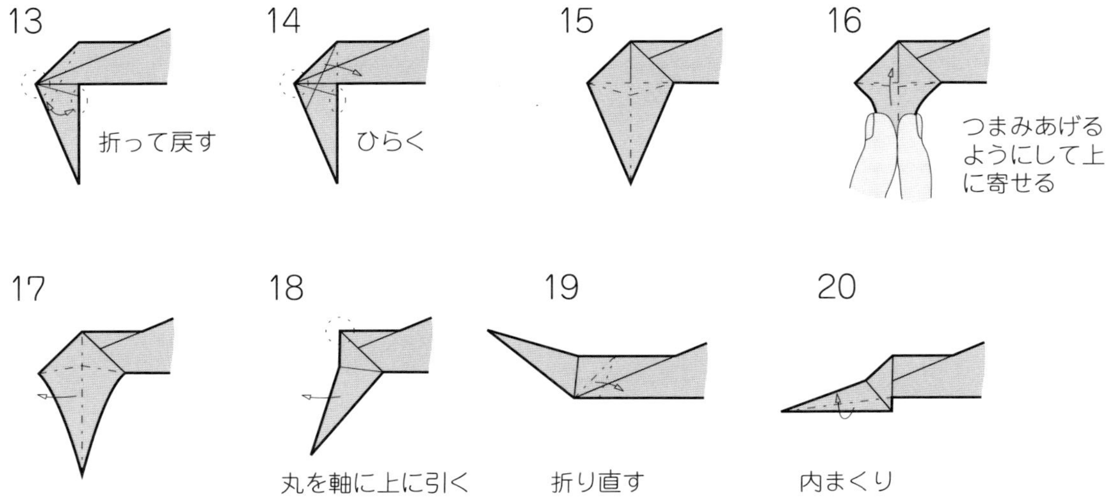
13
折って戻す
14
ひらく
15
16
つまみあげるようにして上に寄せる
17
18
丸を軸に上に引く
19
折り直す
20
内まくり

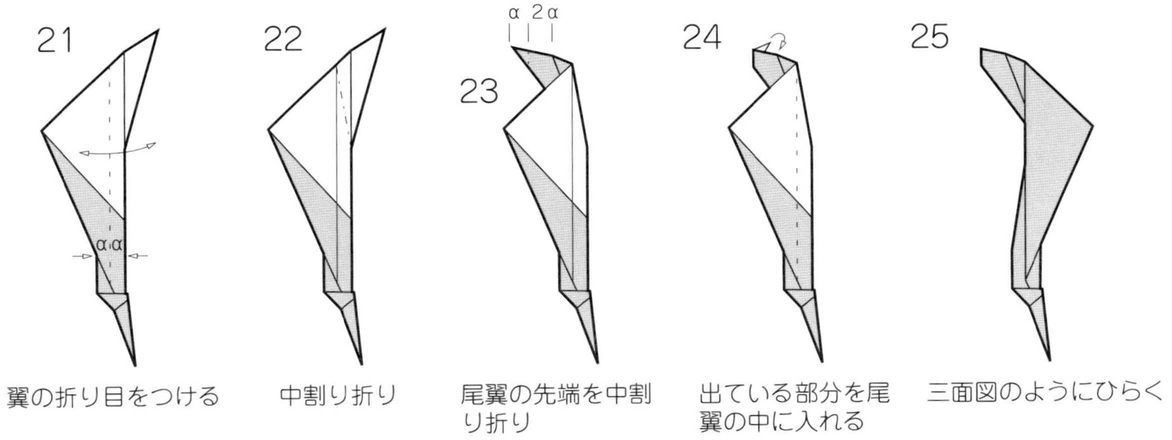
21
α α
翼の折り目をつける
22
中割り折り
α 2α
23
尾翼の先端を中割り折り
24
出ている部分を尾翼の中に入れる
25
三面図のようにひらく

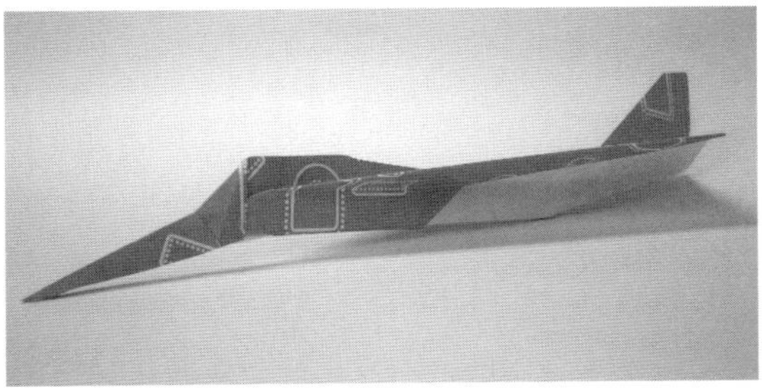

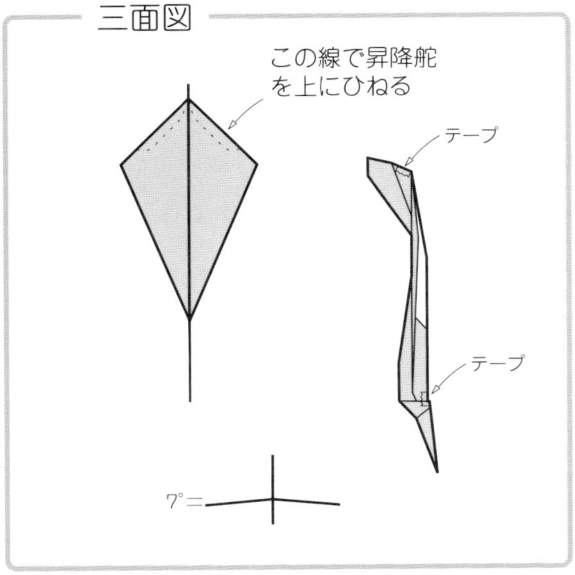
三面図
この線で昇降舵を上にひねる
テープ
テープ

スカイキング

　このヒコーキは滞空時間を競うのにもっとも適しています。
　2004年の春、私はテレビ番組の「自己の世界滞空記録18.1秒に挑戦！」という企画で、東京ドームにおいてこの機の一種で19.24秒を記録しました。できるだけ高くまっすぐに投げ上げて、水平飛行に移させます。練習しだいで10メートル近くは投げあげられます。あとは少しずつ改良を加えていけば、この機はまだまだ可能性を秘めています。何度もこのヒコーキを紹介するのは、みなさんが私の記録に挑戦されることを期待しているからです。

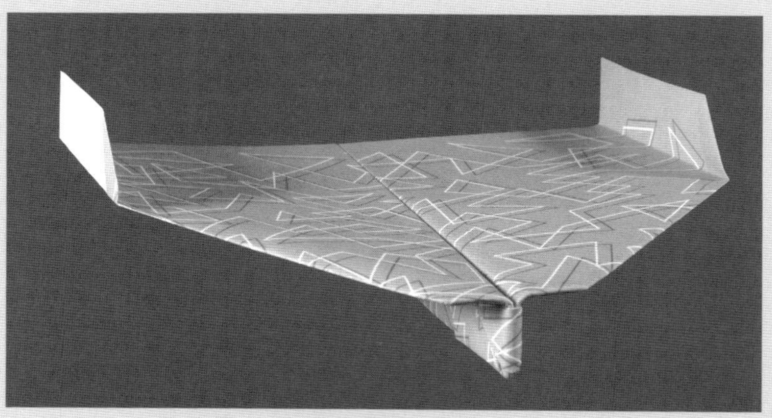

1

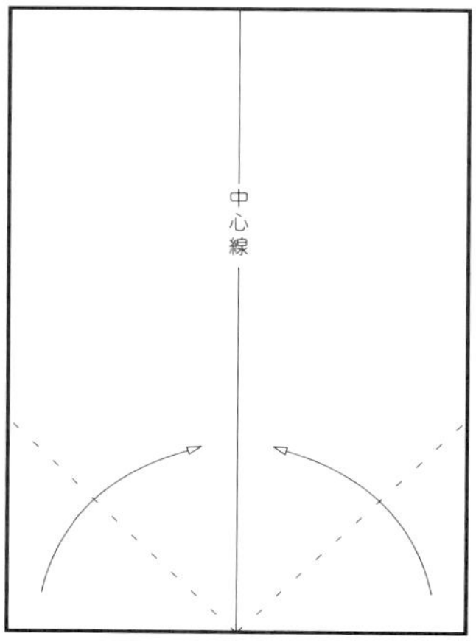

2

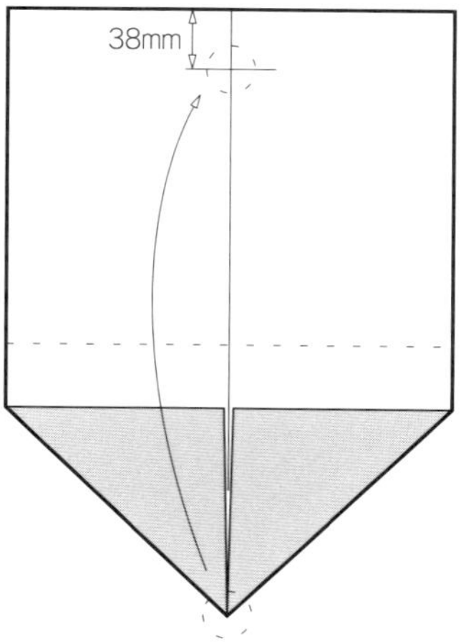

3

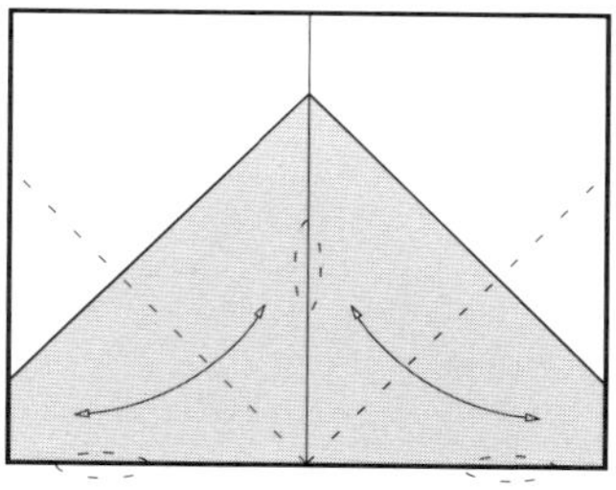

4

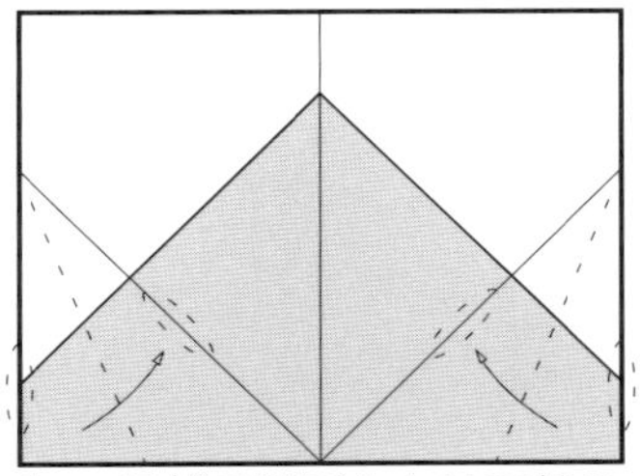

1mmほどの隙間をあけて折る

5

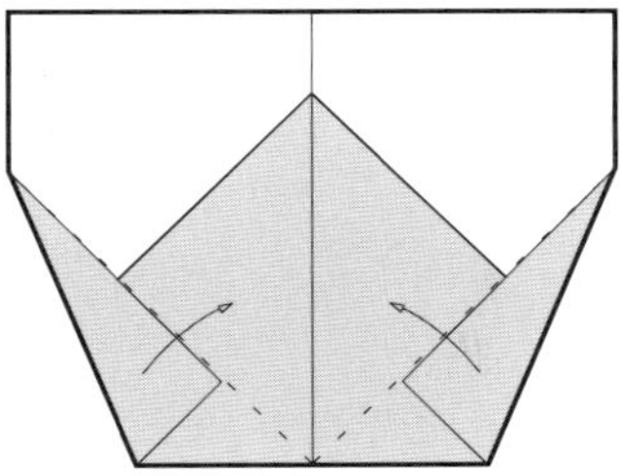

6

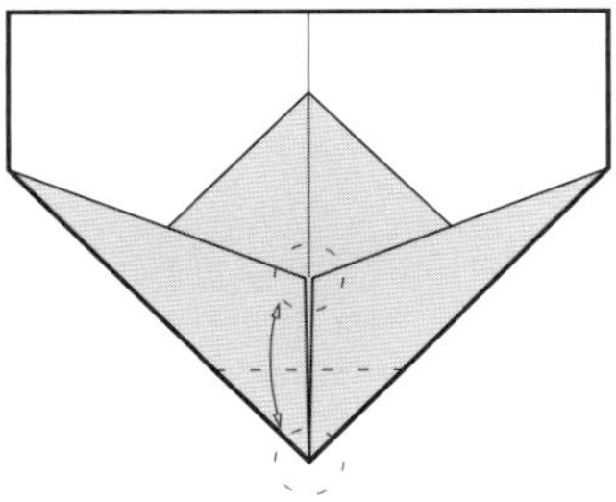

7

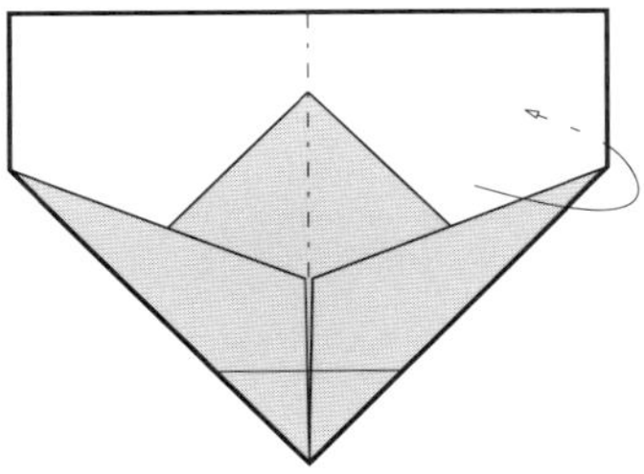

8

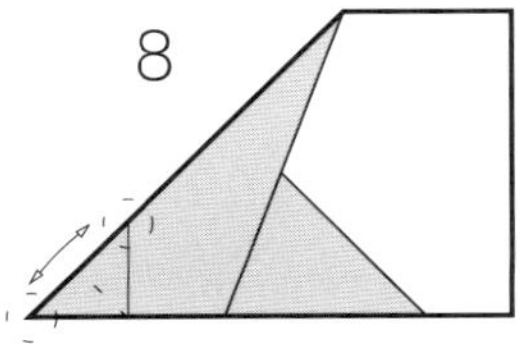

9

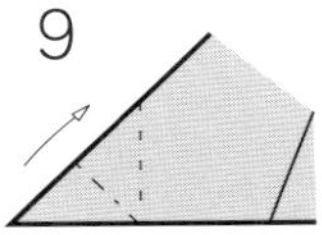

中割り折り

10

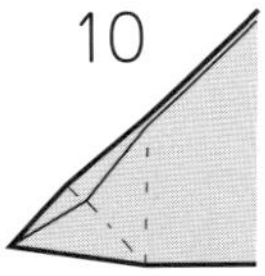

途中図

11

途中図

12

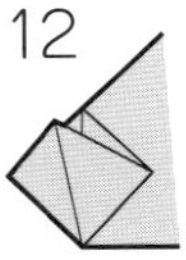

途中図

13

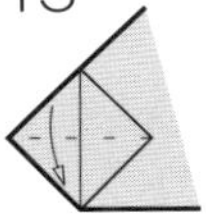

14

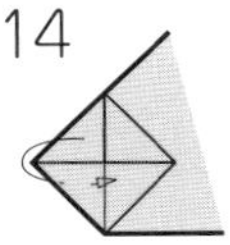

15

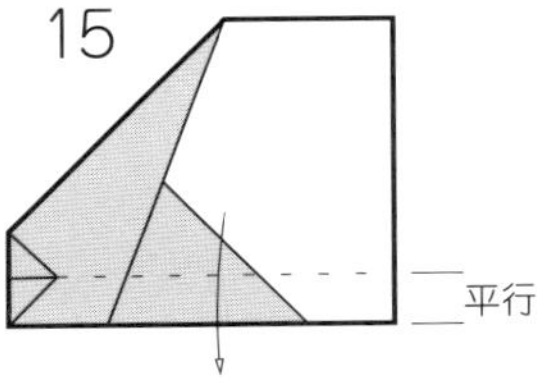

16

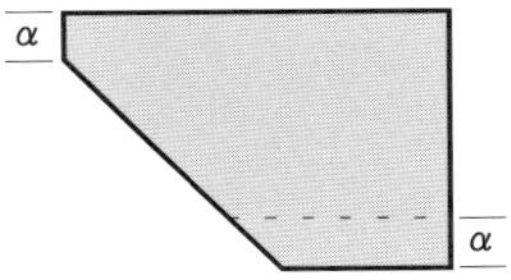

17

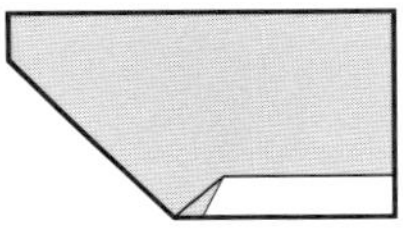

三面図のようにひらく

三面図

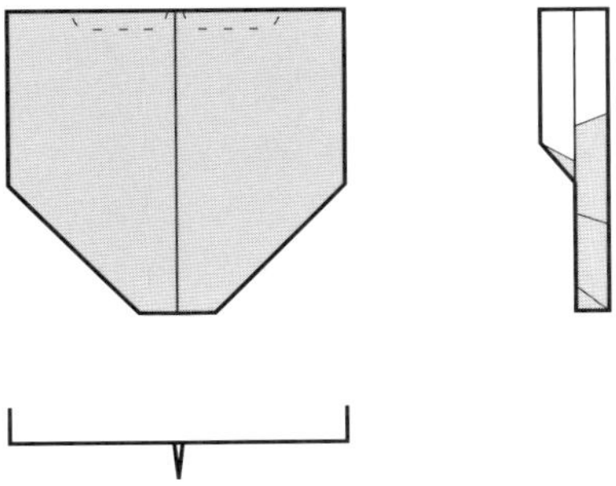

ワンダー

1

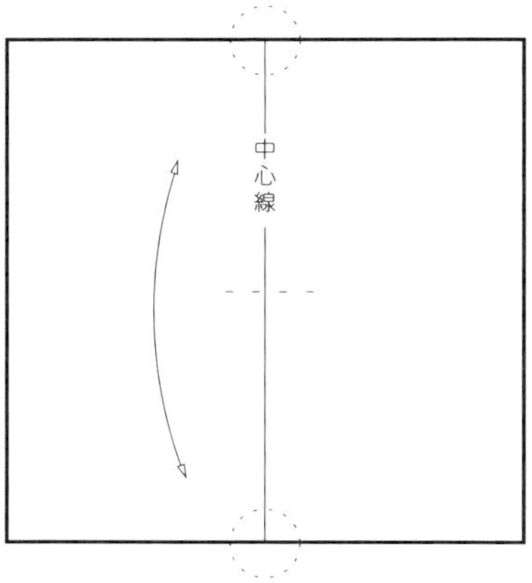

軽く折り目をつけて戻す

2

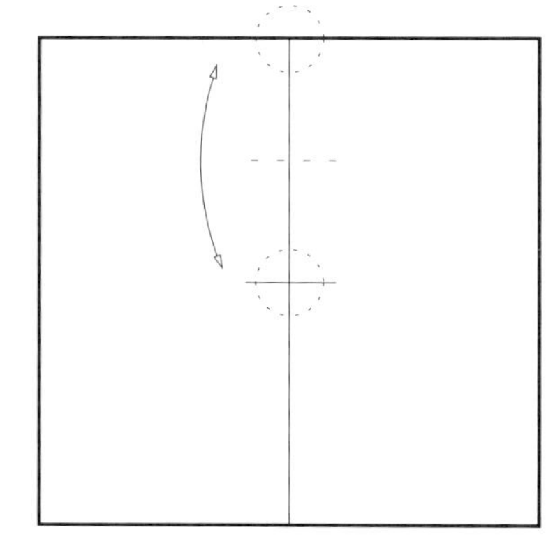

軽く折り目をつけて戻す

3

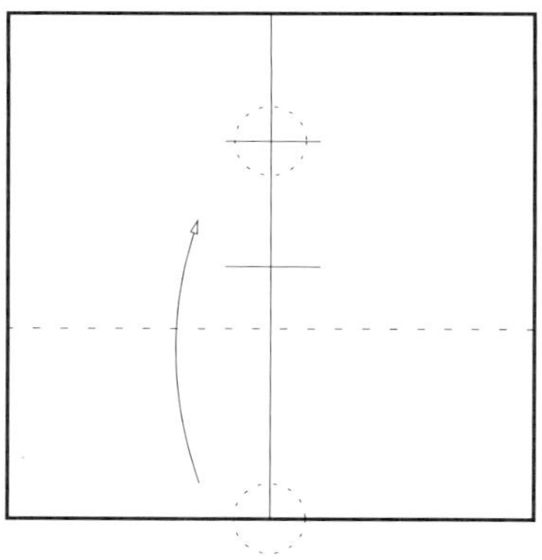

4

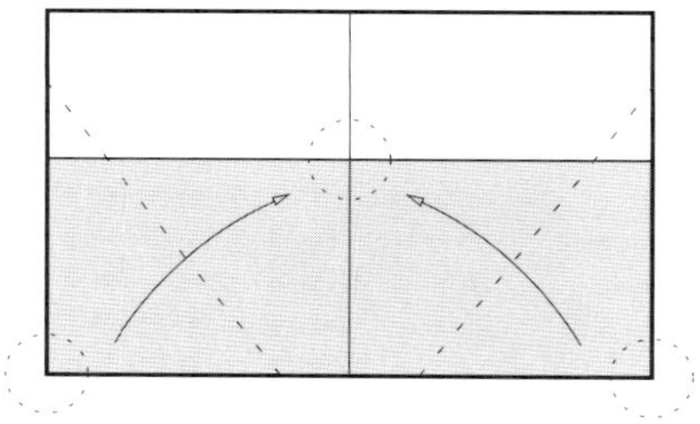

5

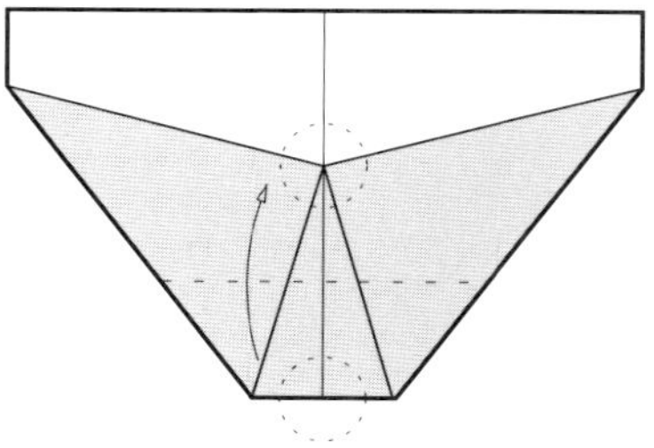

6

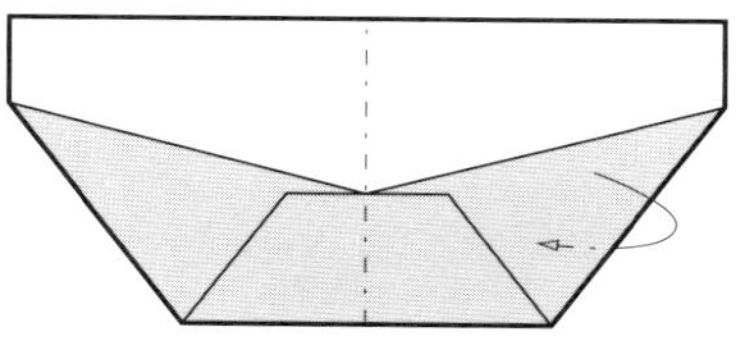

7

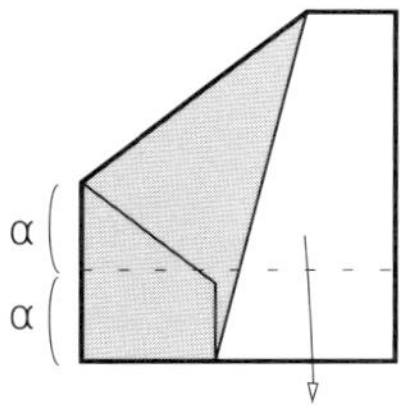

8

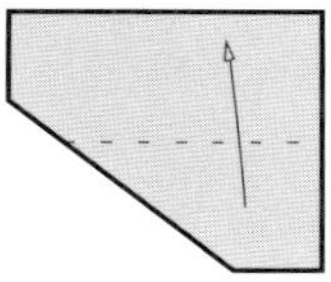

9

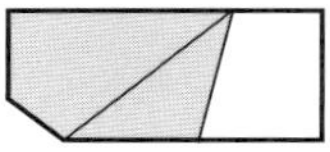

三面図のようにひらく

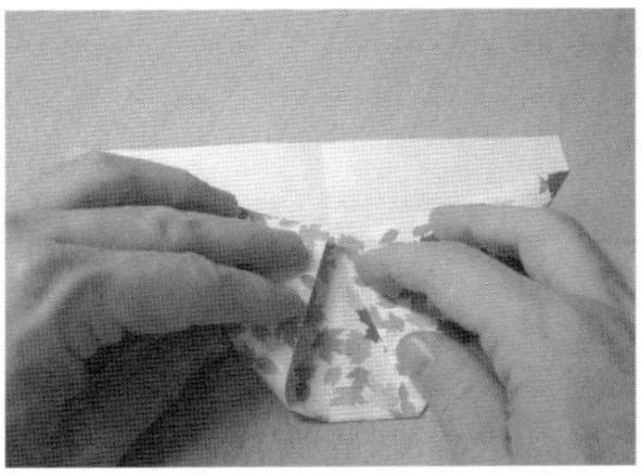

角を合わせて折る

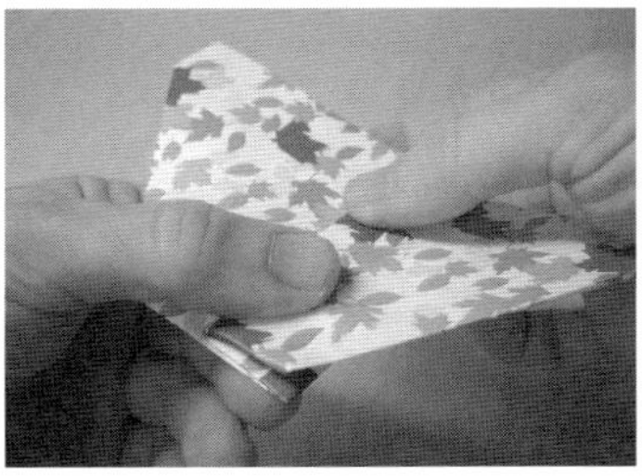

翼をていねいに折る

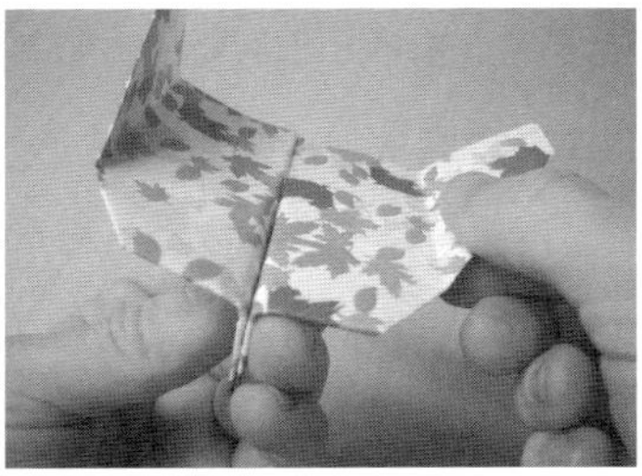

翼端を三面図のように広げる

三面図

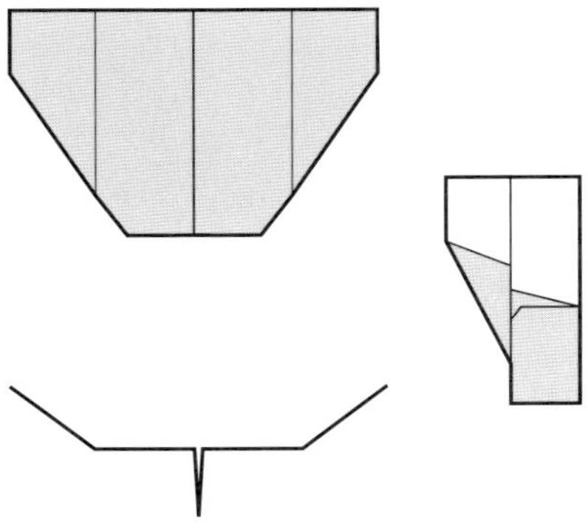

ビーバー

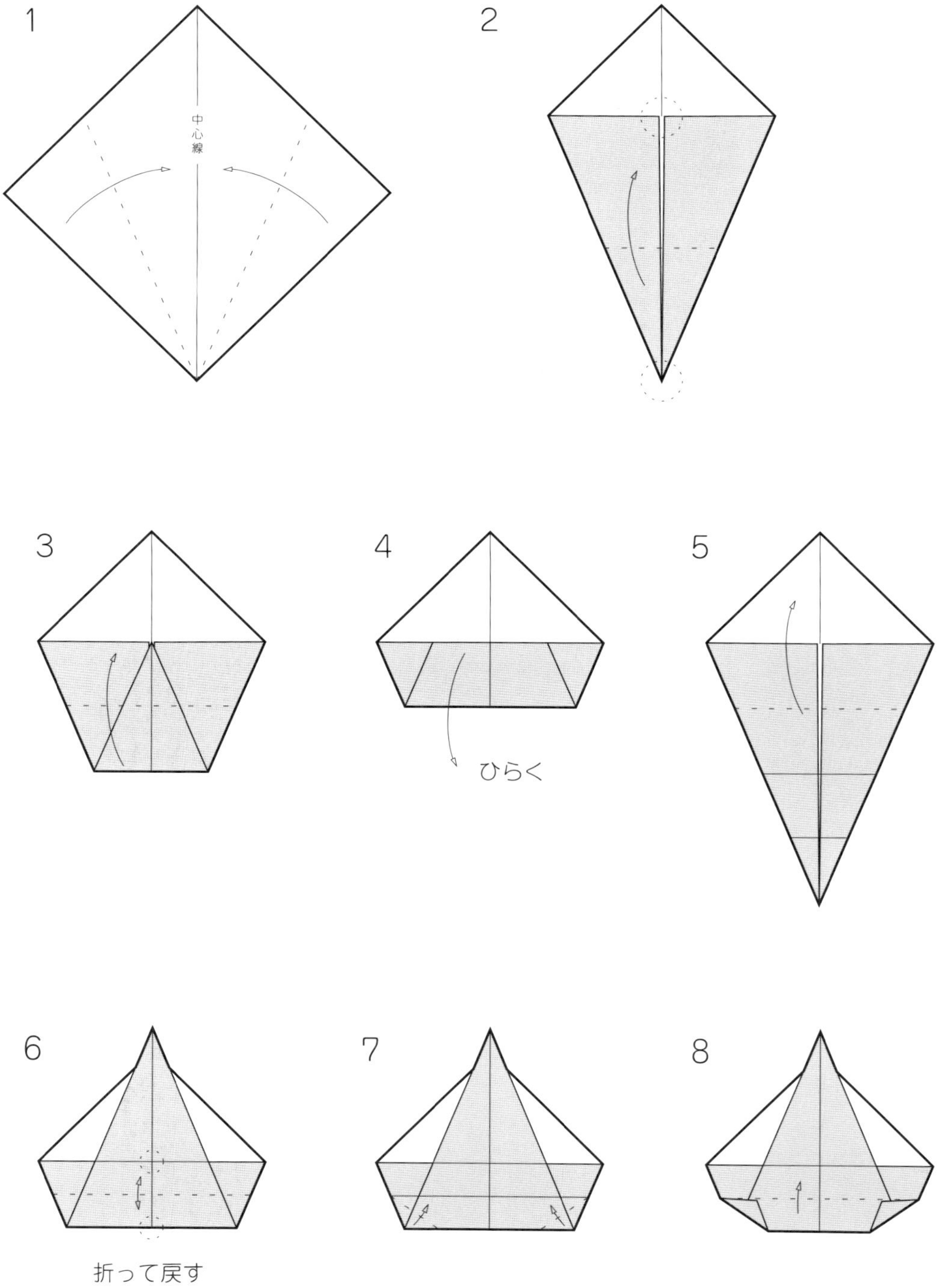

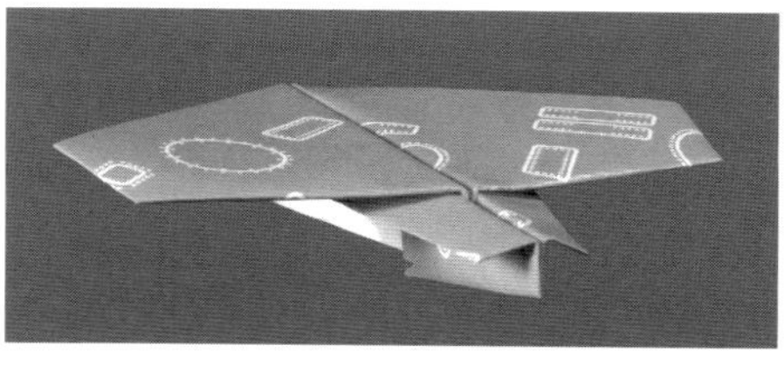

9

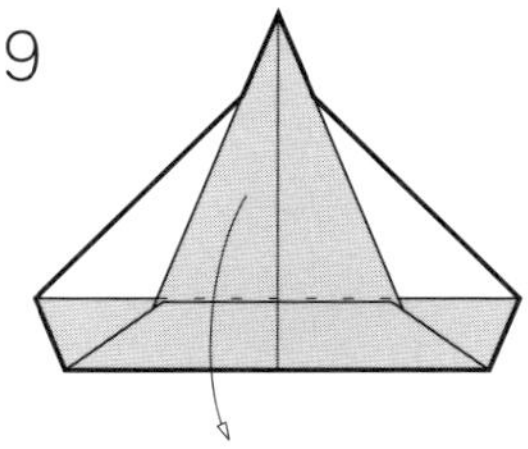

10

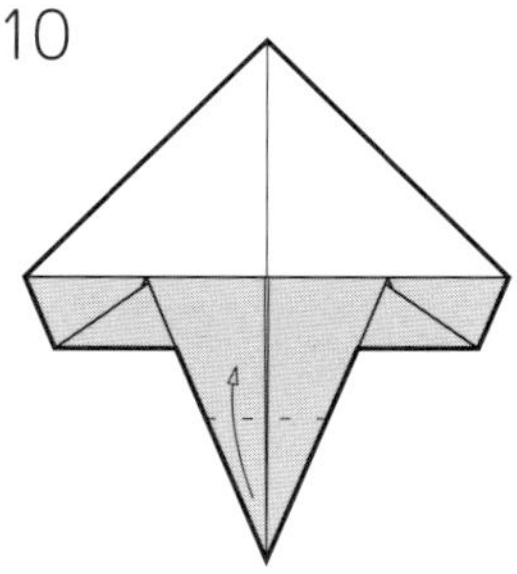

11

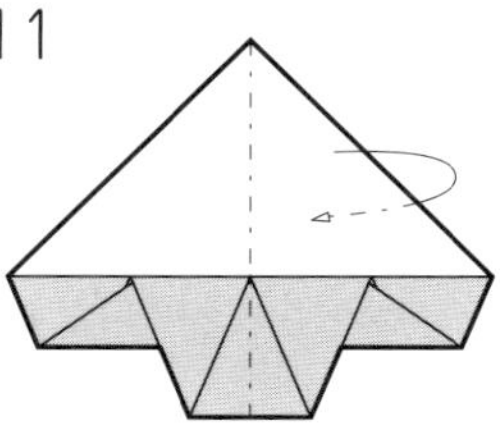

うら側に折る

12

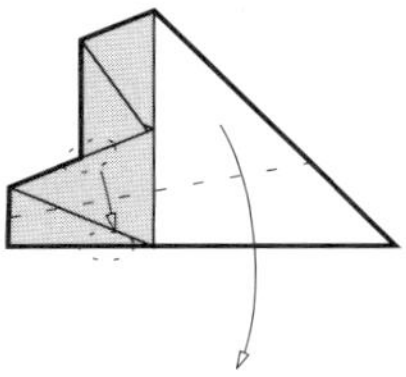

13

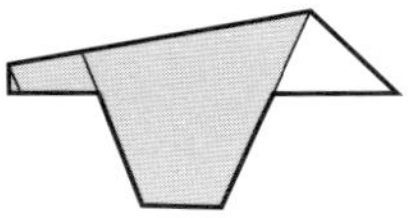

三面図のようにひらく

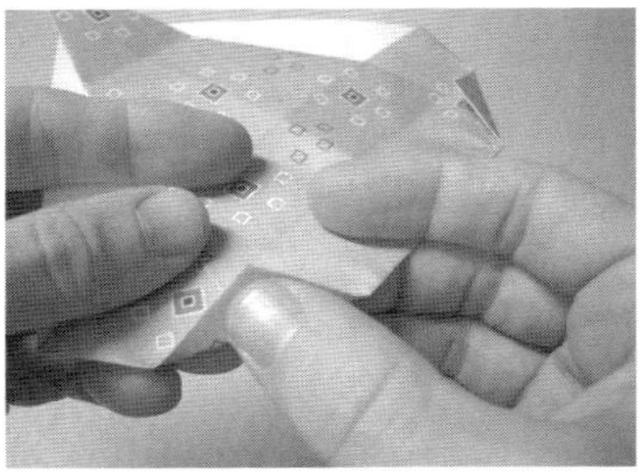

前の角を折る

機首を前に出すとき、中心線が曲がっていないか確認

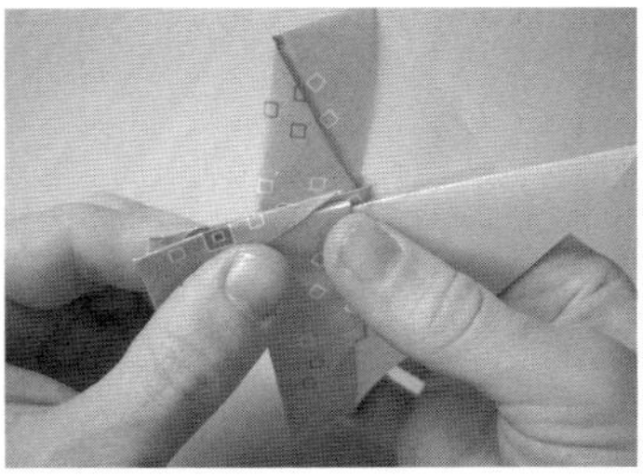

中心線を規準にして翼を折る

三面図

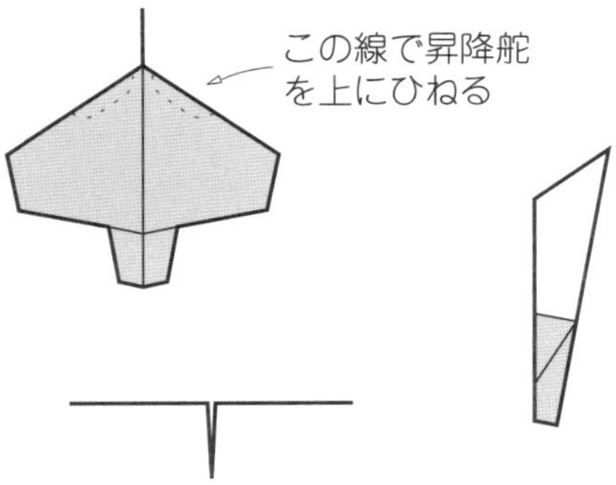

スカイ・シンフォニー

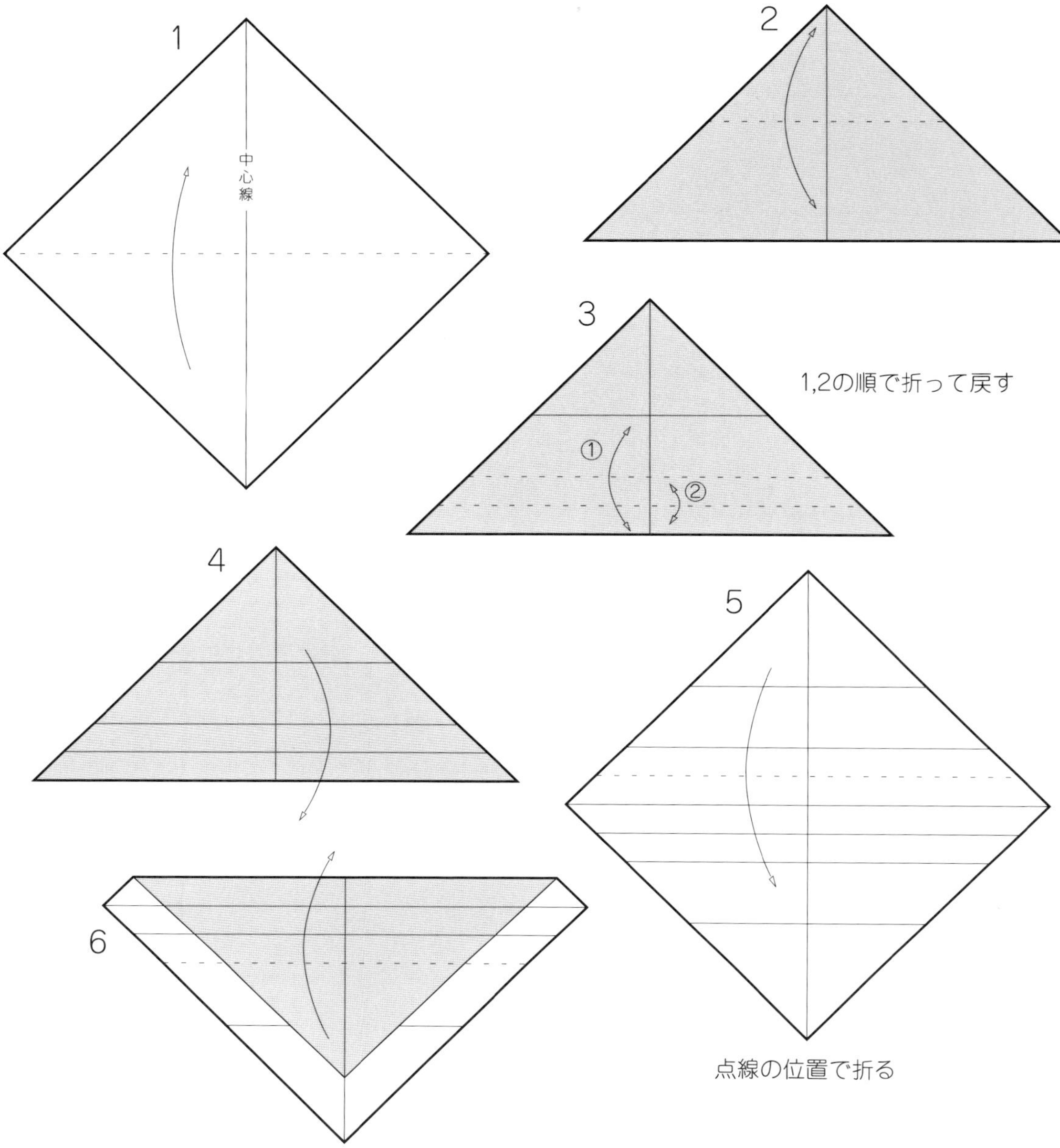

1,2の順で折って戻す

点線の位置で折る

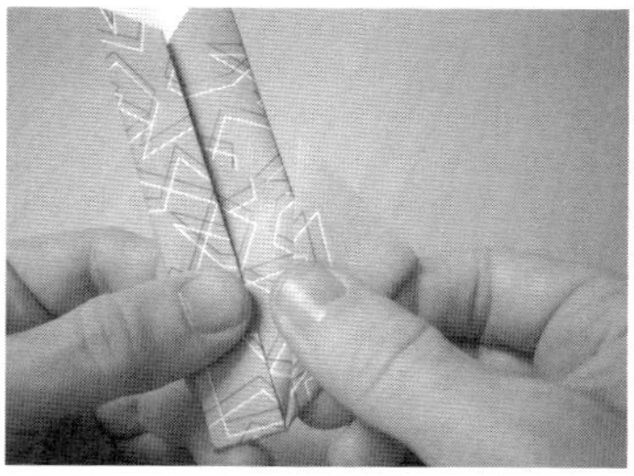
後ろの三角部分を折って戻す

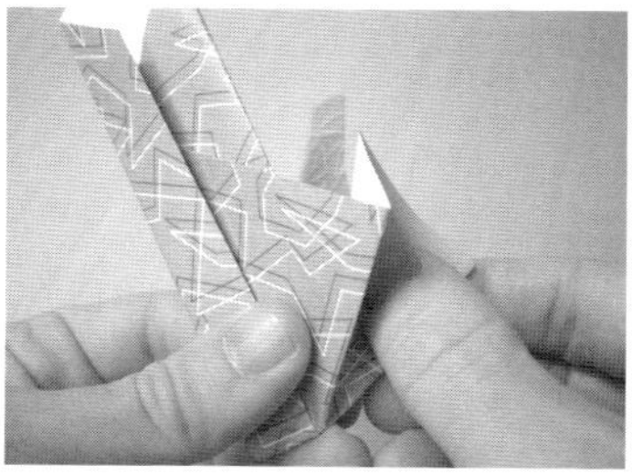
折った紙を中割り折りすると、垂直尾翼となる

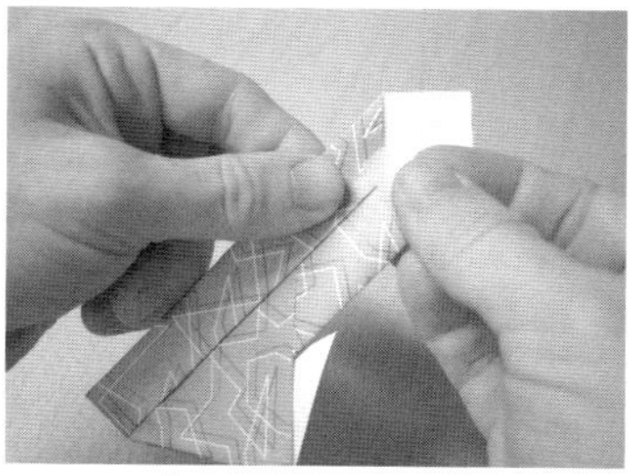
テープで翼端の紙をとめる

6

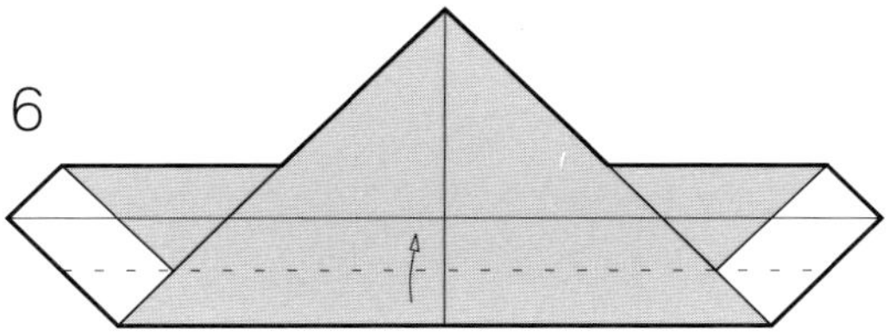

7

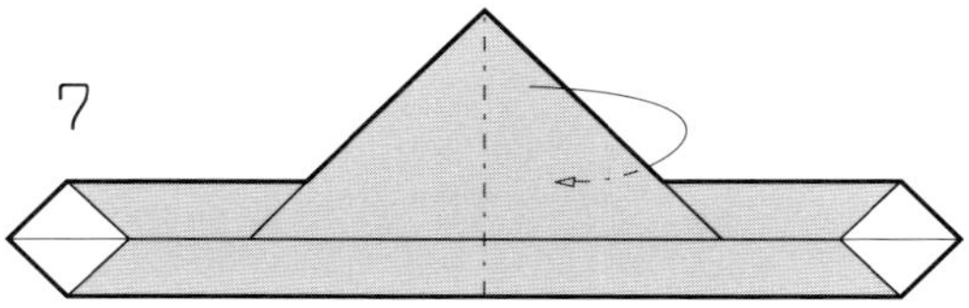

8

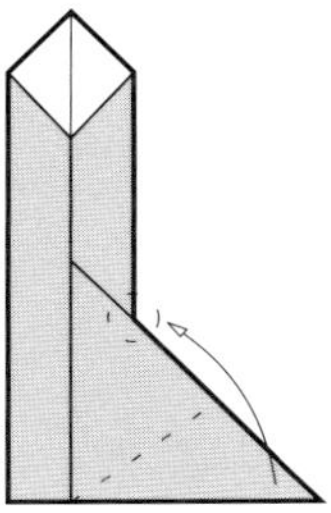

9

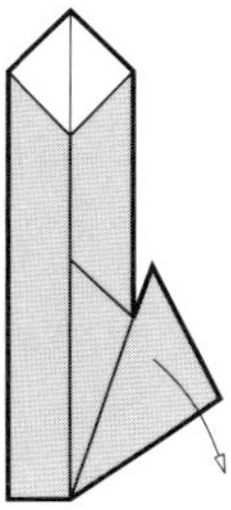

10

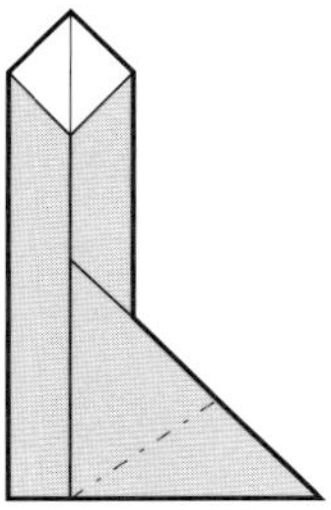

中割り折り

11

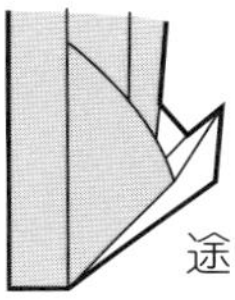

途中図

12

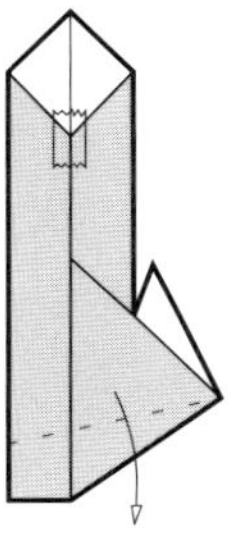

テープを両面ともに貼る

13

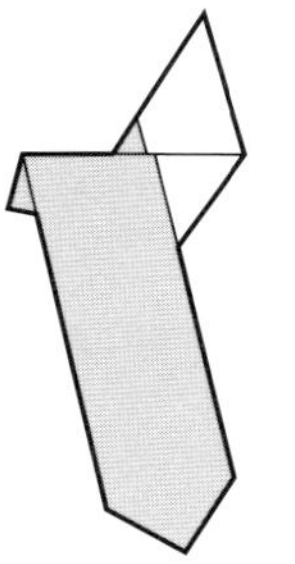

三面図

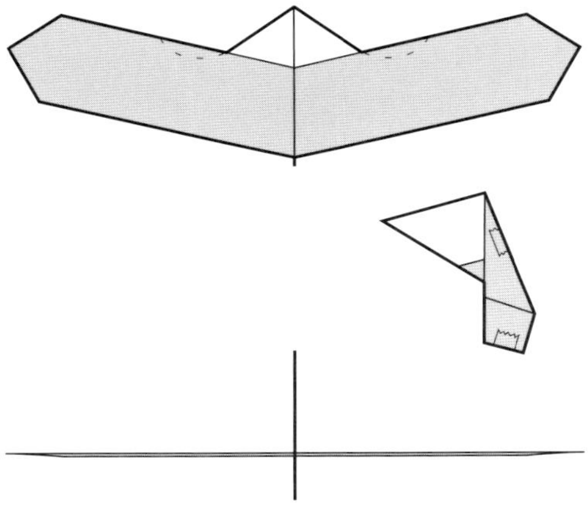

つばめ

1

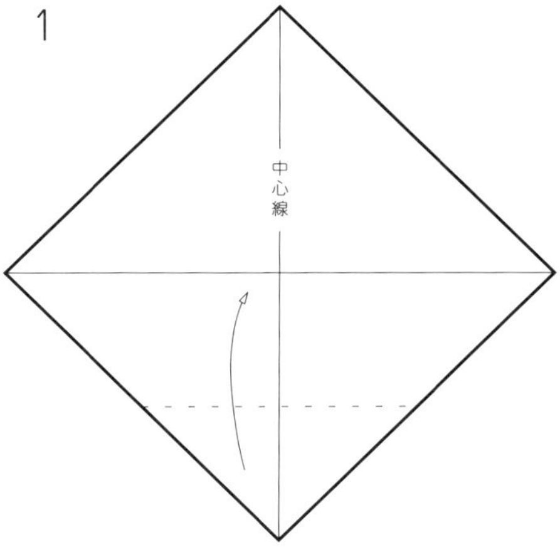

2

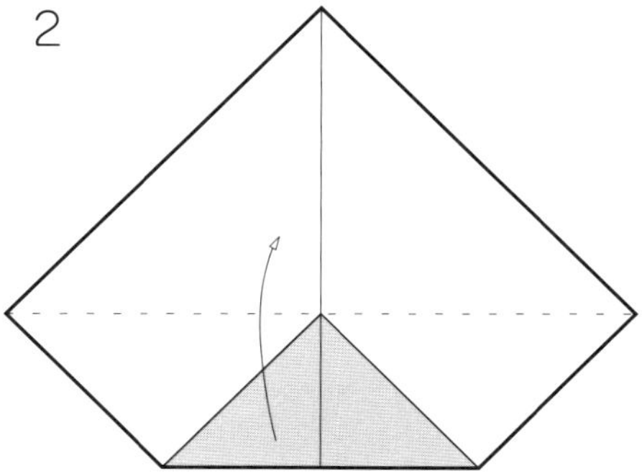

3

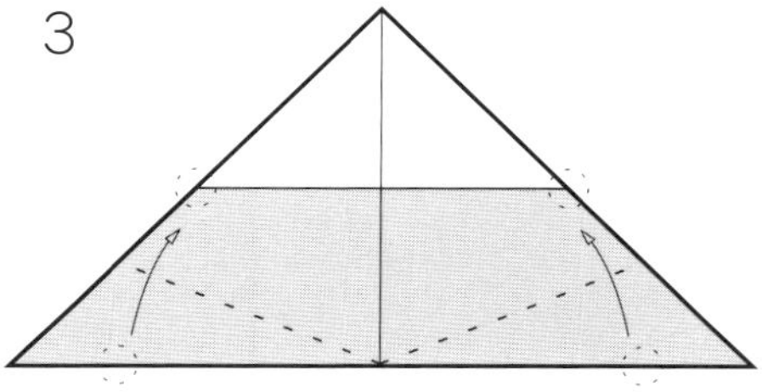

4

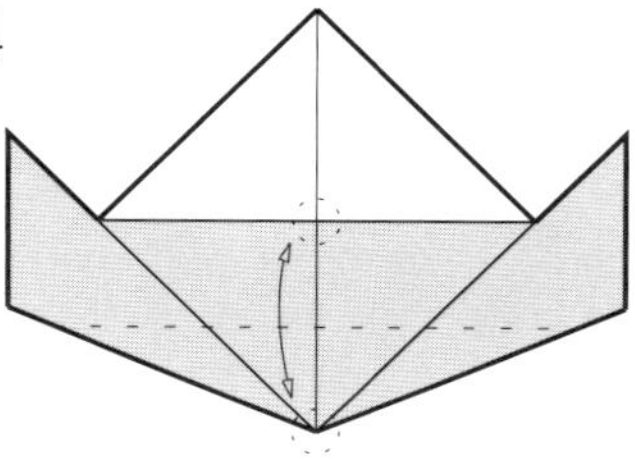

5

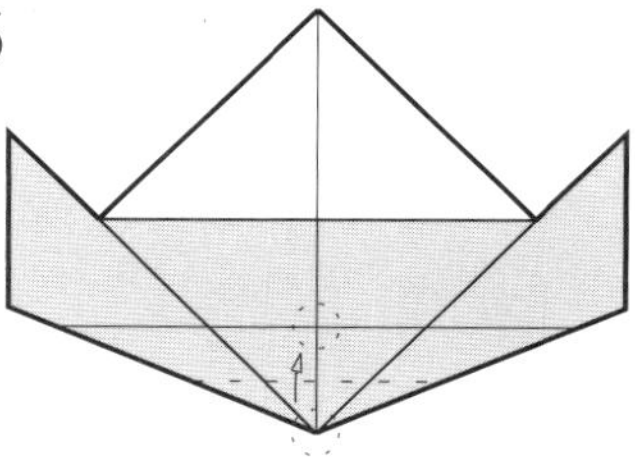

6

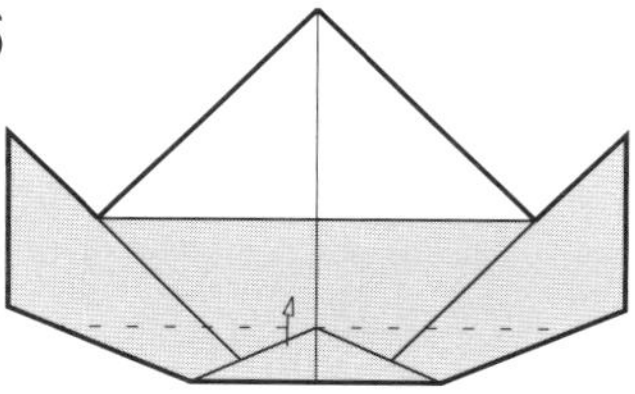

7

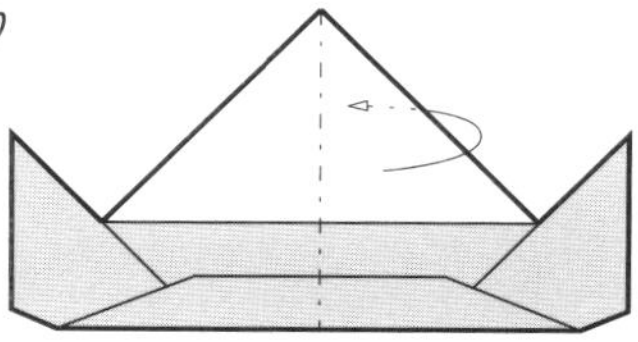

8

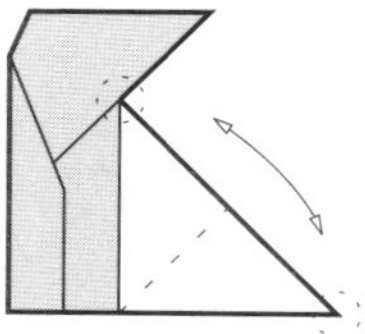

9

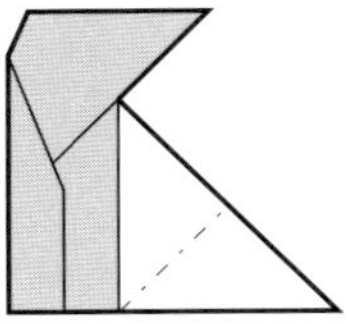

中割り折り

10

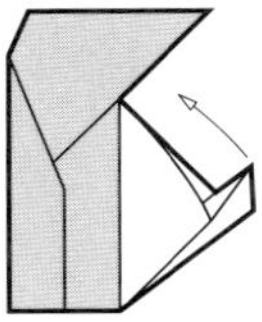

途中図

11

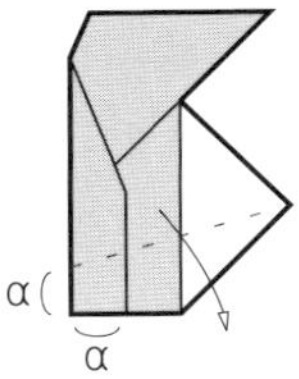

11

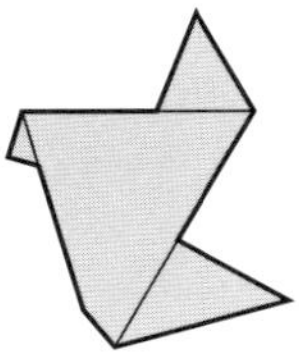

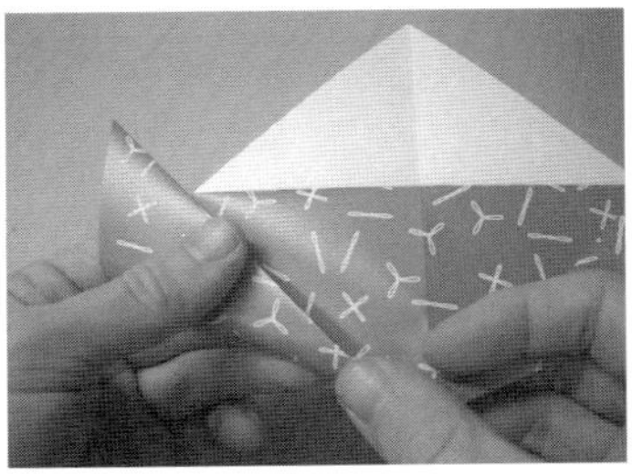

紙のへりを角に合わせて折る

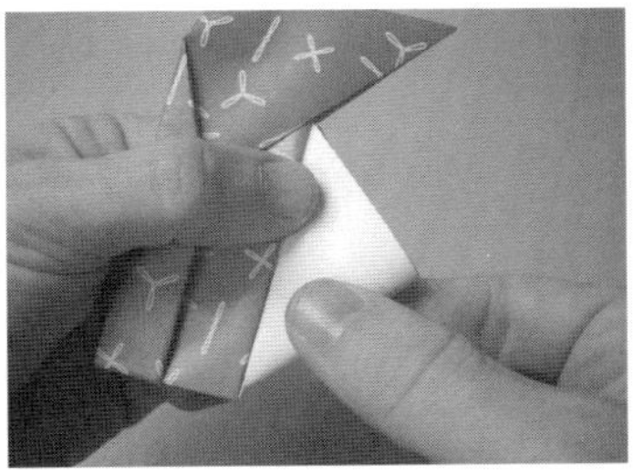

垂直尾翼となる部分をこのように折ってから中割り折り

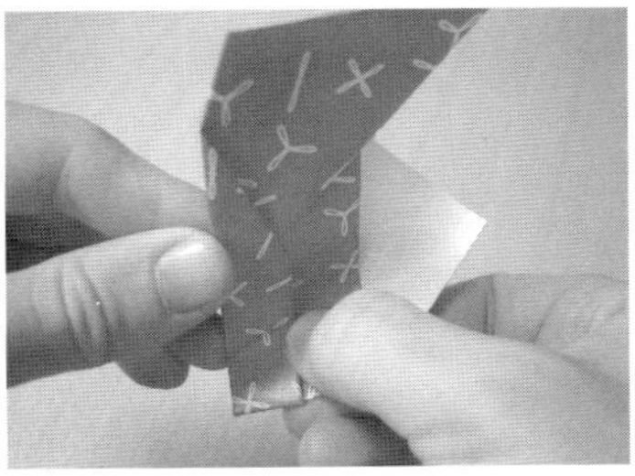

指で折る場所をおさえながら翼を下に折る

三面図

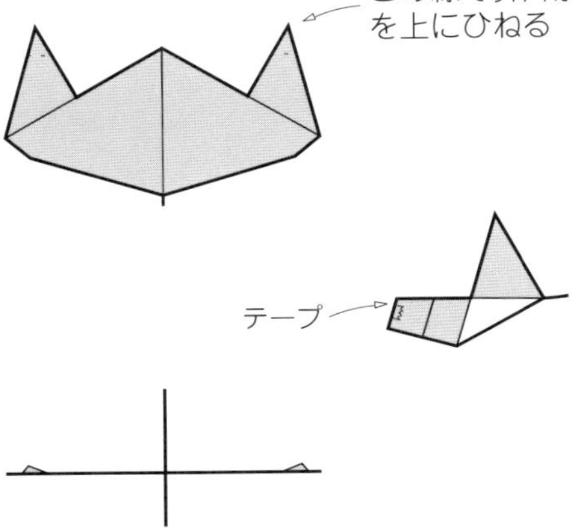

怪獣ギャラス

1

折って戻す

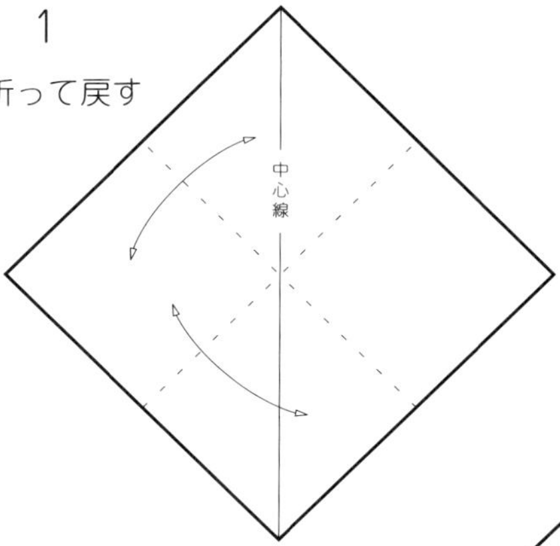

2

折って戻す

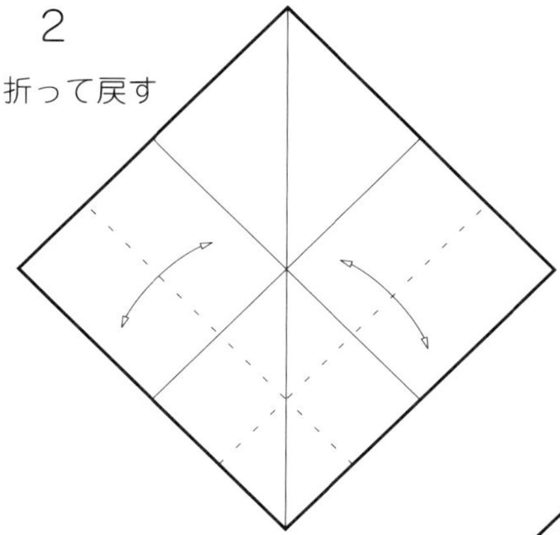

3

折って戻す

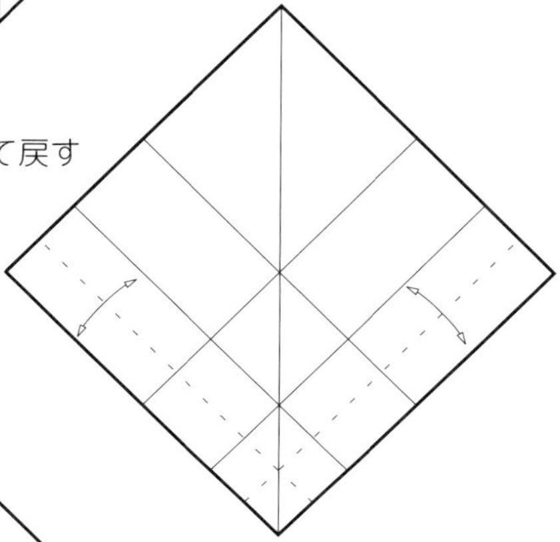

4

裏側に
折って戻す

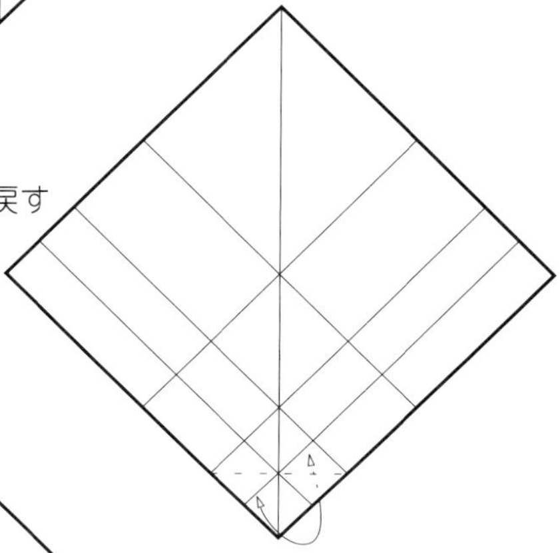

5

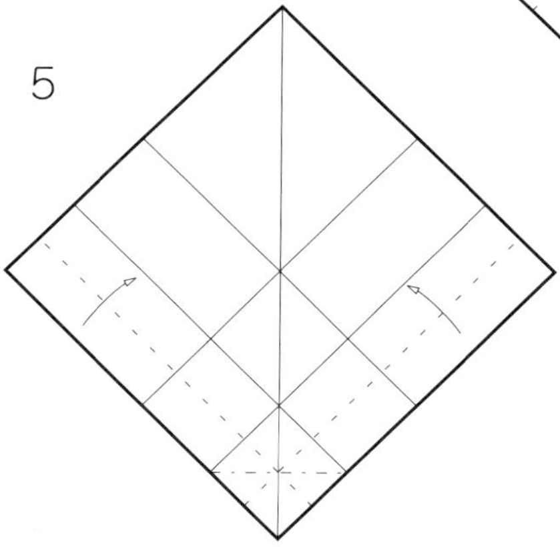

6

途中図

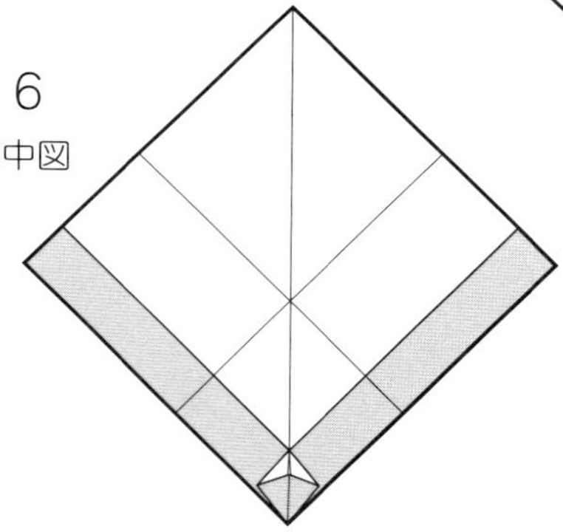

7

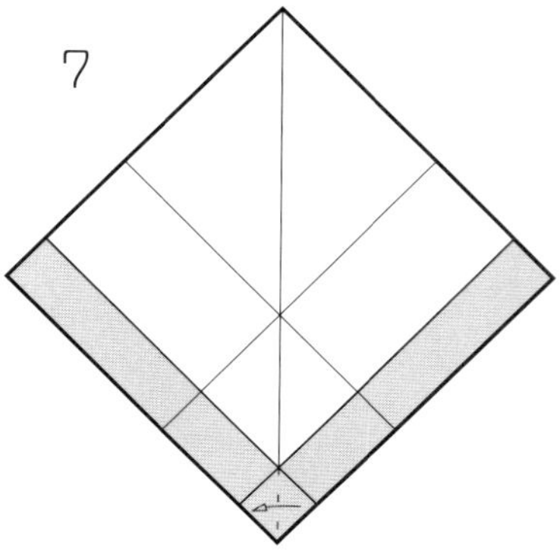

8

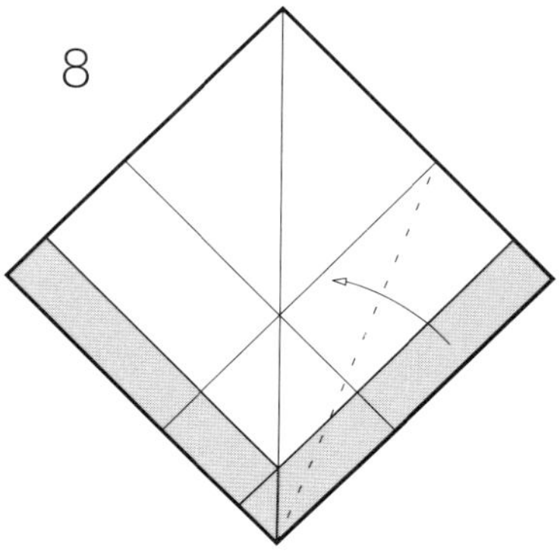

9

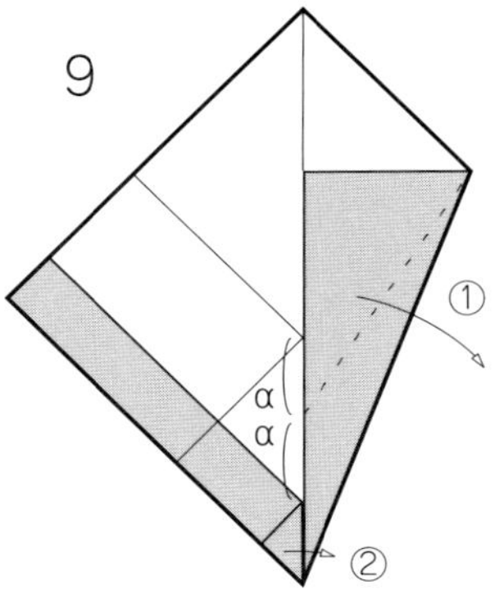

10

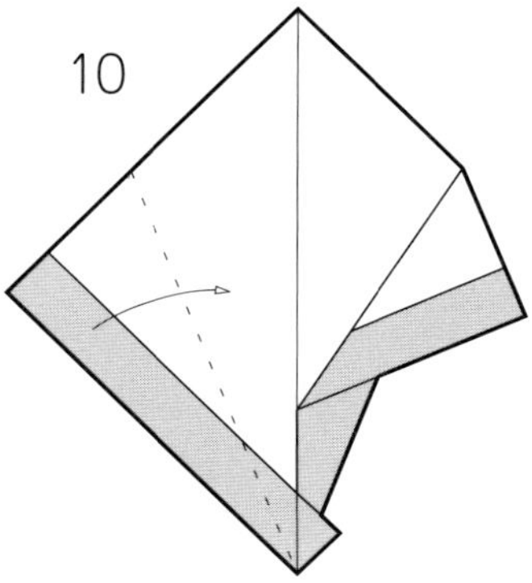

11

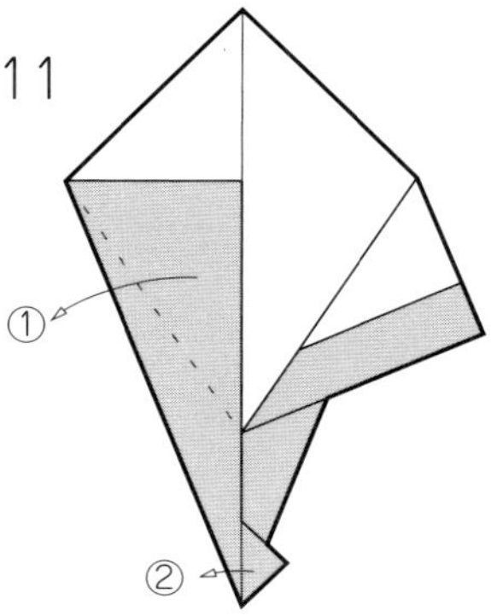

2は1枚だけ折る

12

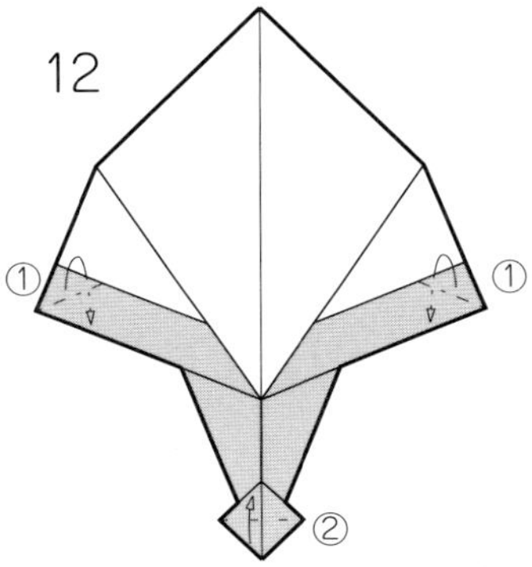

1は裏側に折る

13

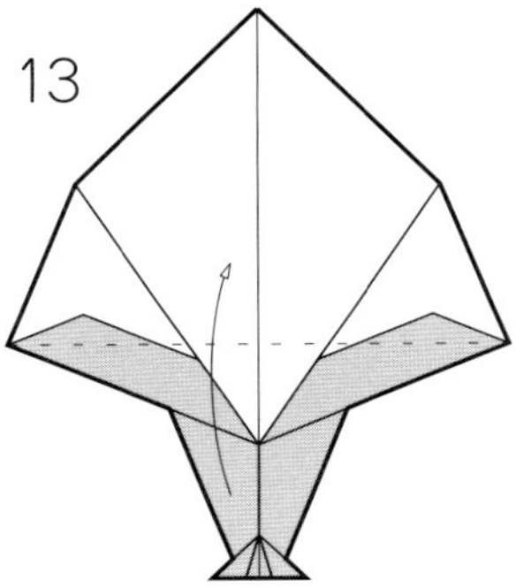

14

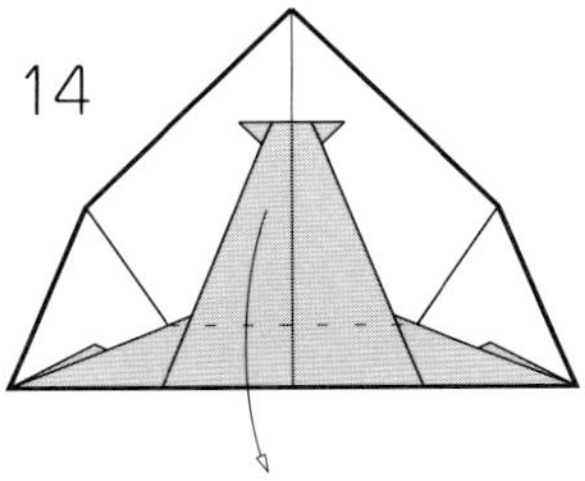

15

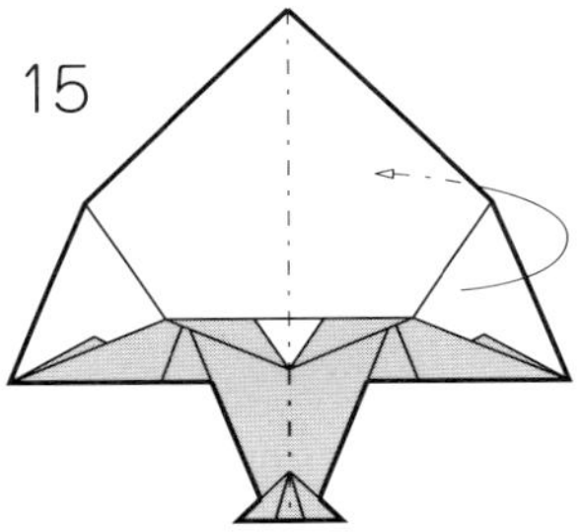

裏側に折る

16

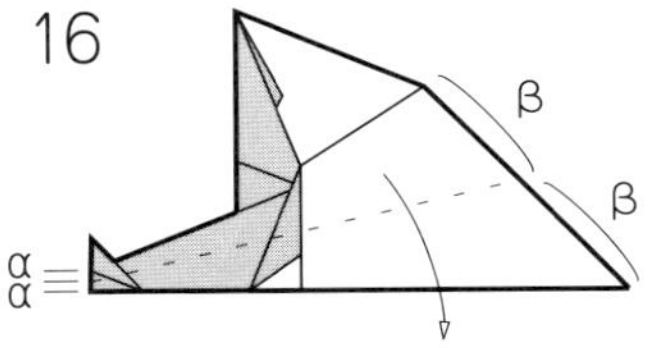

17

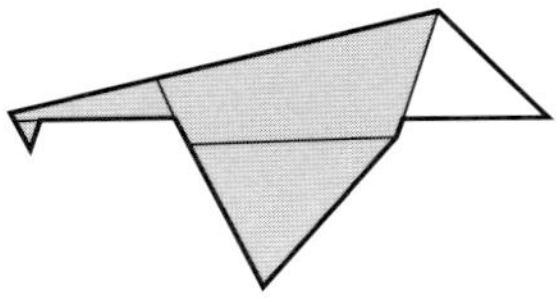

三面図のようにひらく

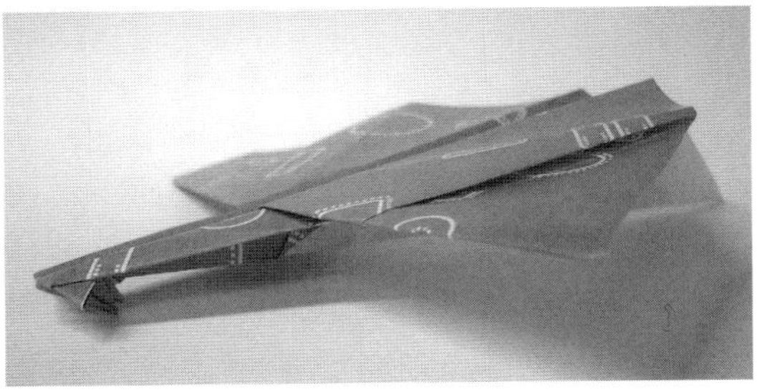

三面図

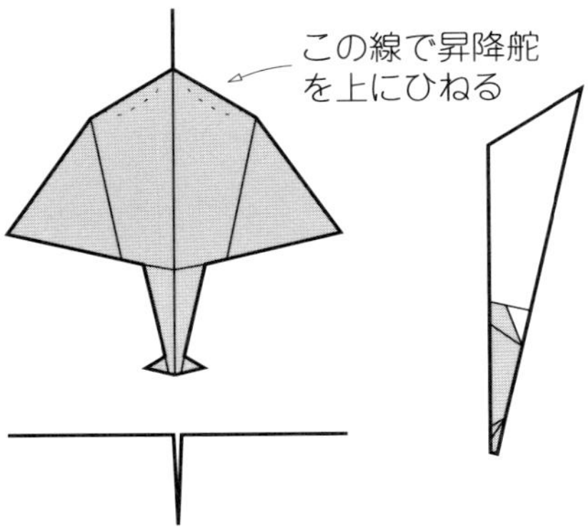

怪獣トロトロ

1

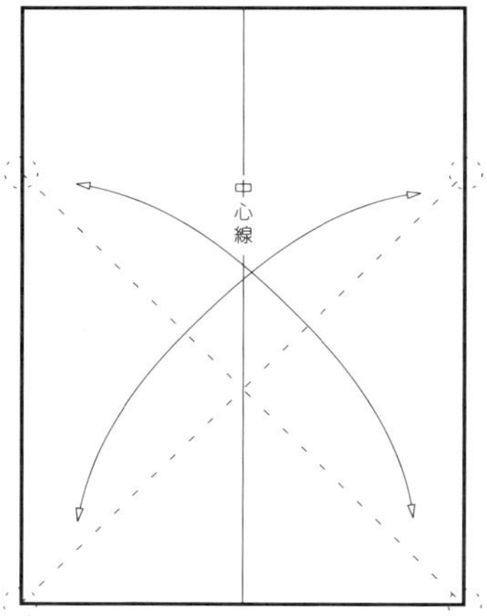

折って戻す

2

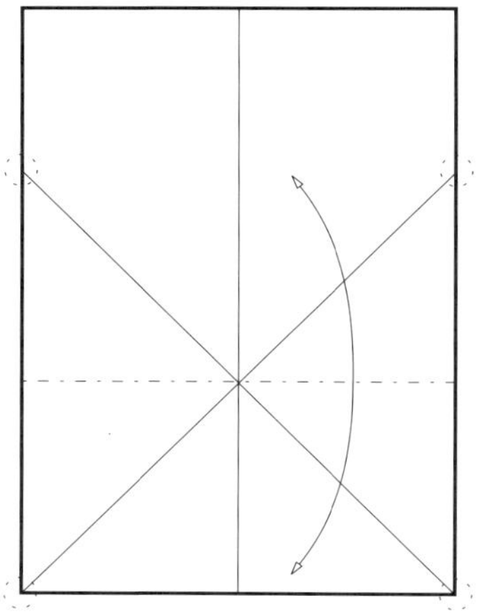

うらに折って戻す

3

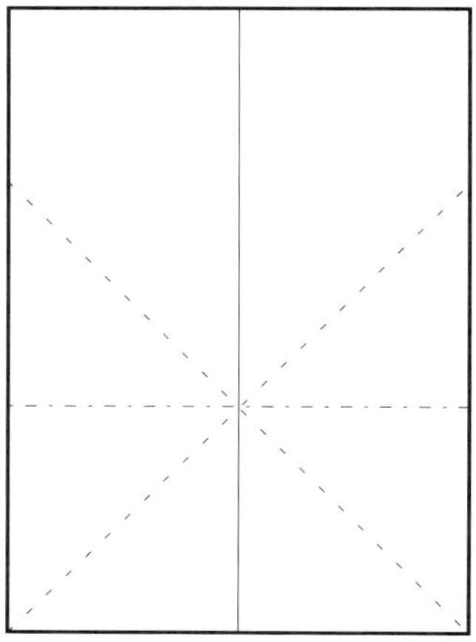

途中図を参考に、山折り、
谷折りに注意して折る

4

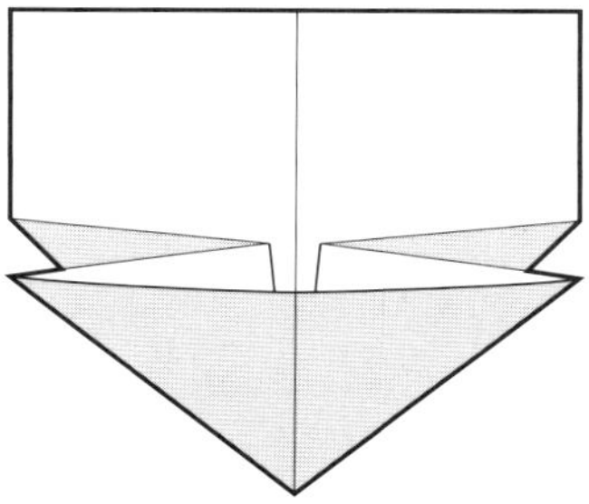

途中図

5

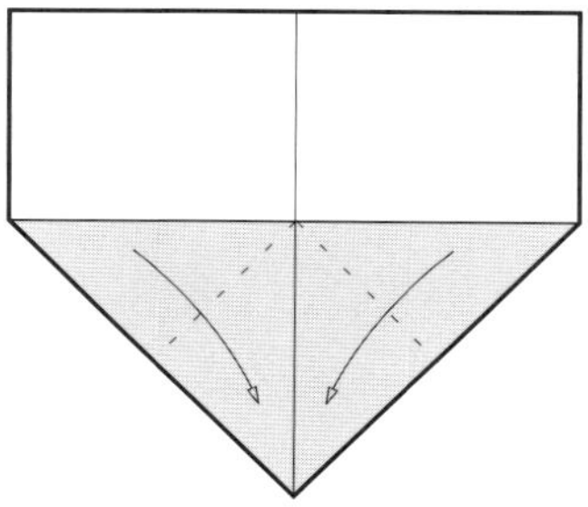

6

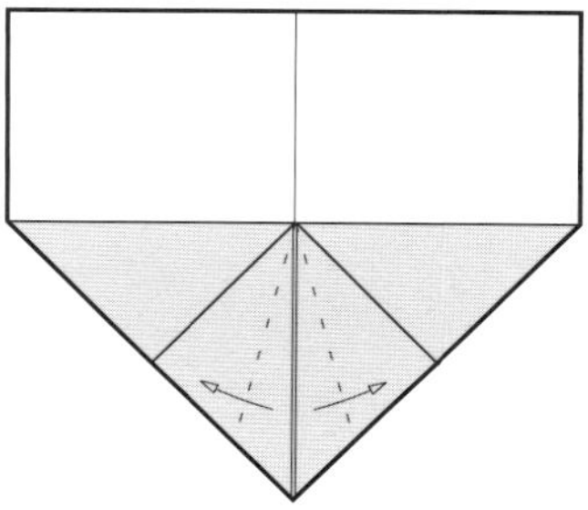

3分の1折る

7

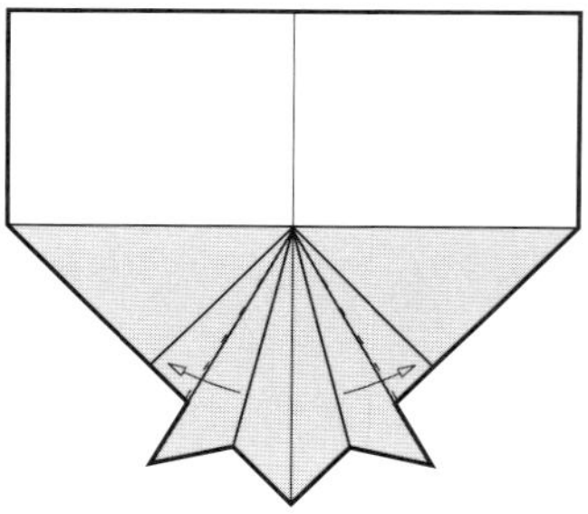

また3分の1折る

8

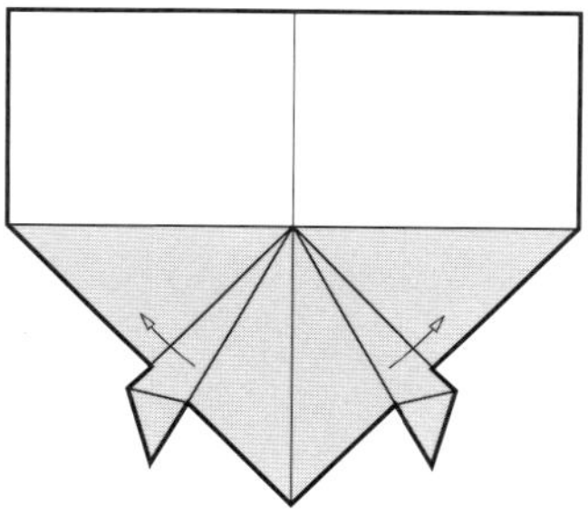

9

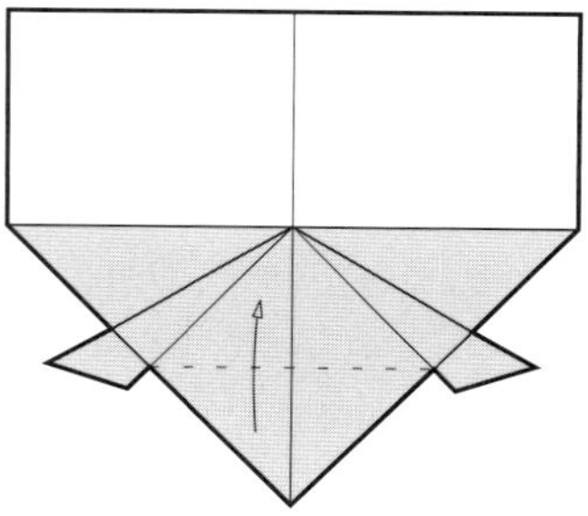

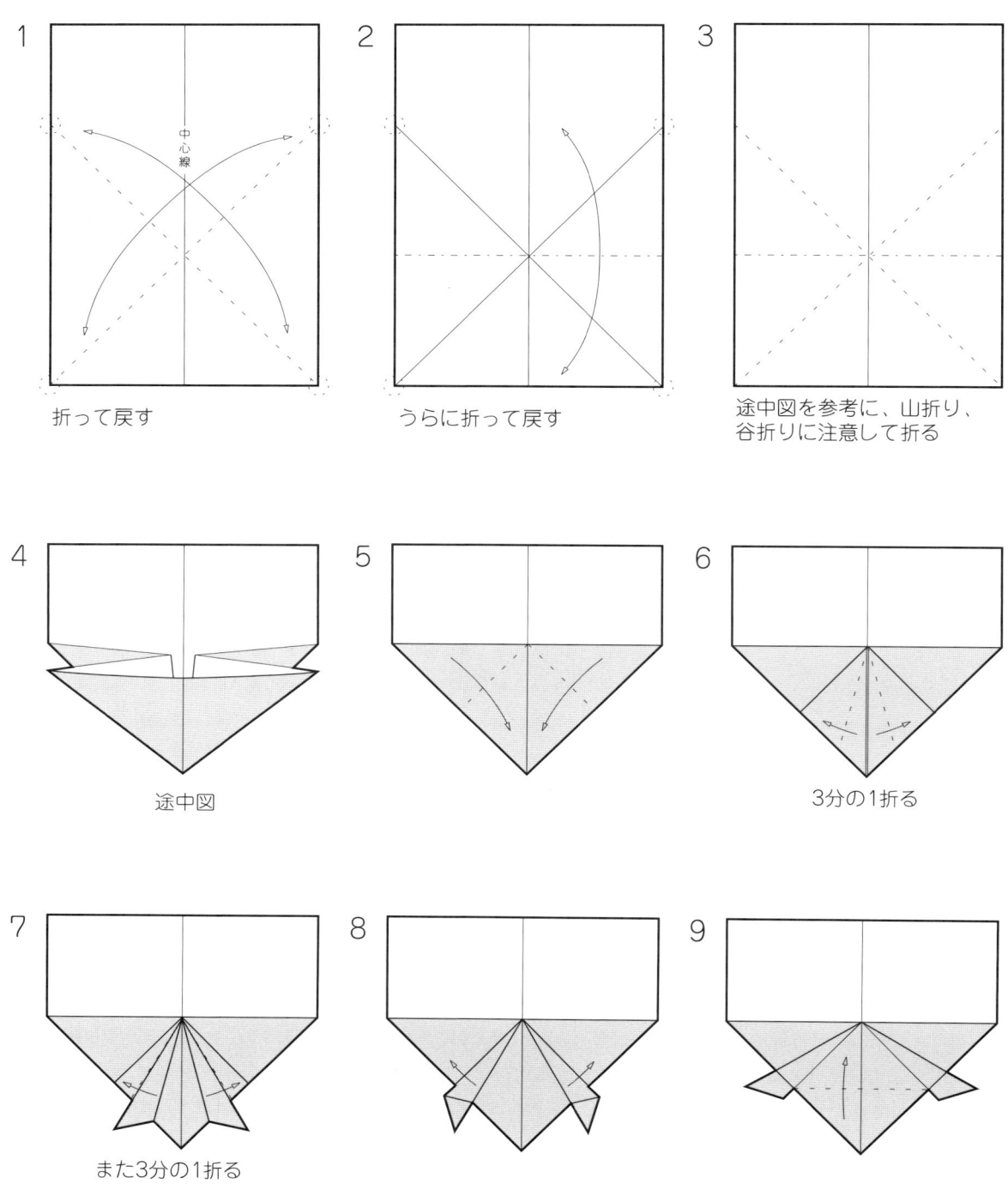

10

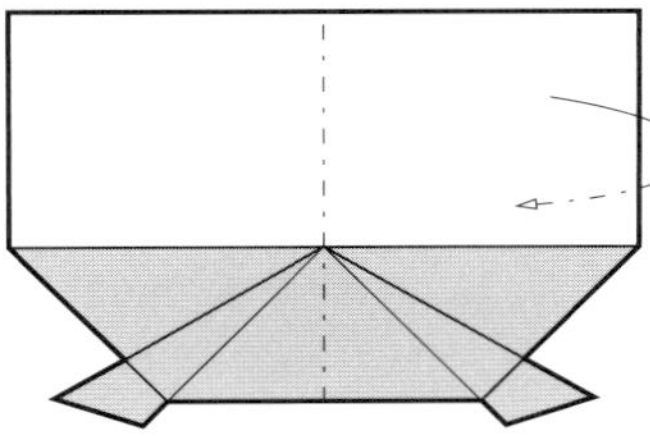

裏側に折る

11

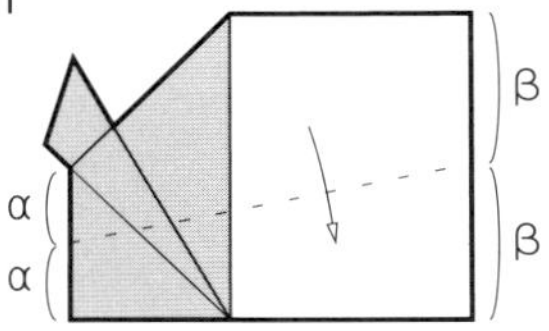

12

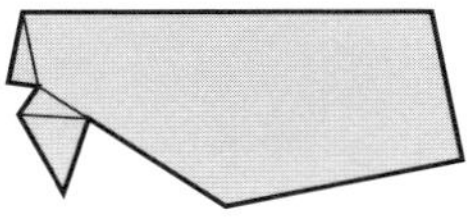

三面図のように折る

怪獣の触角を3分の1ずつ折る

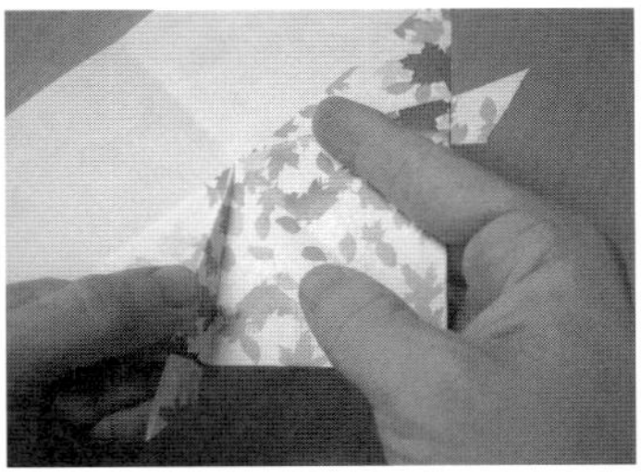

触角を最後に外の方にめくる

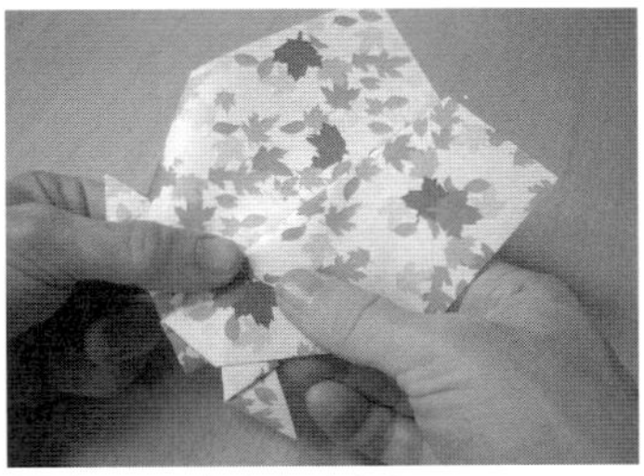

翼をこのように折る

三面図

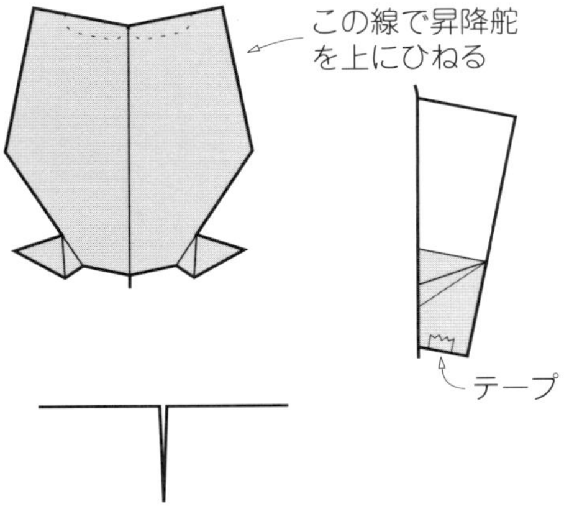

ほたる

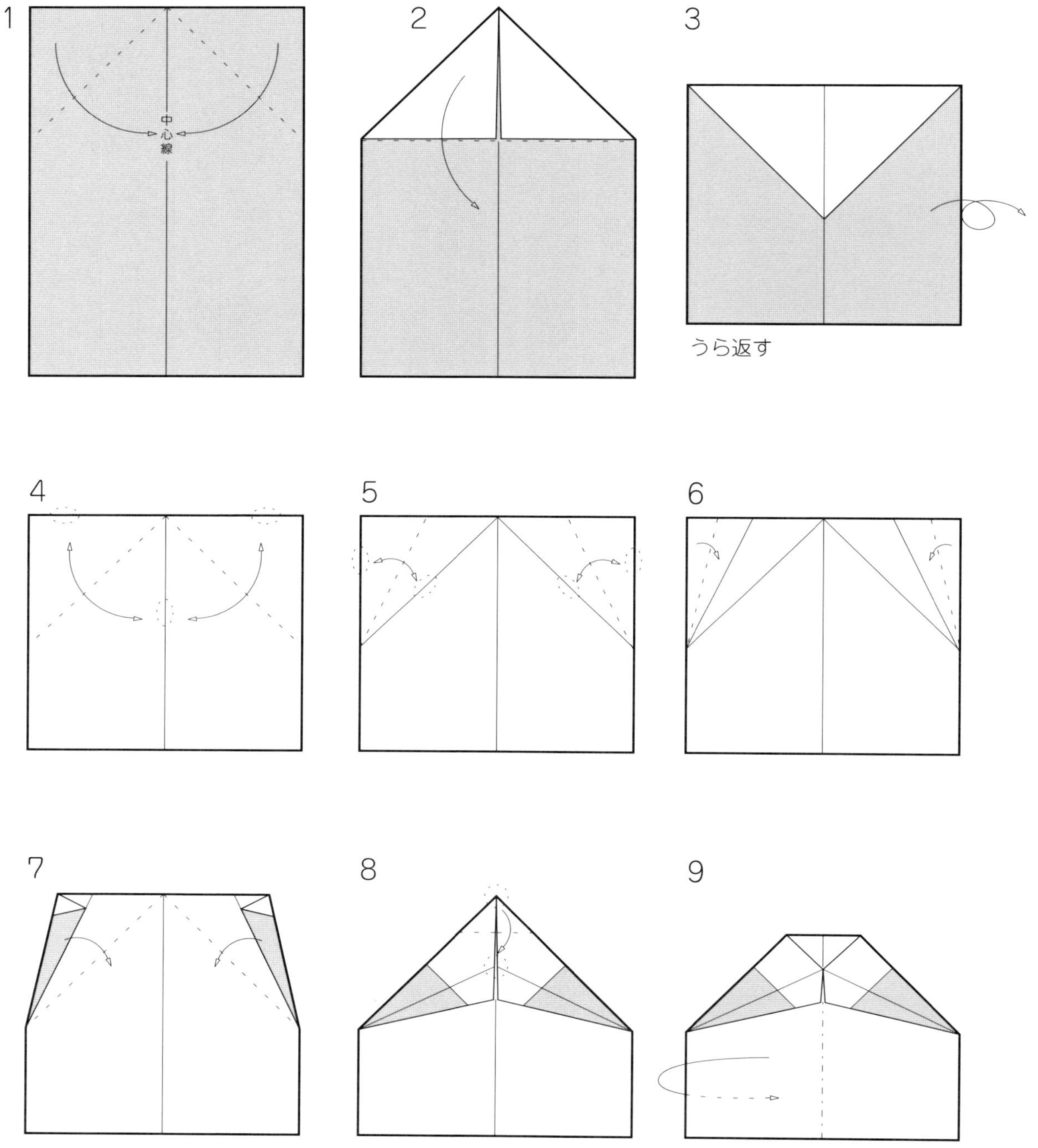

10

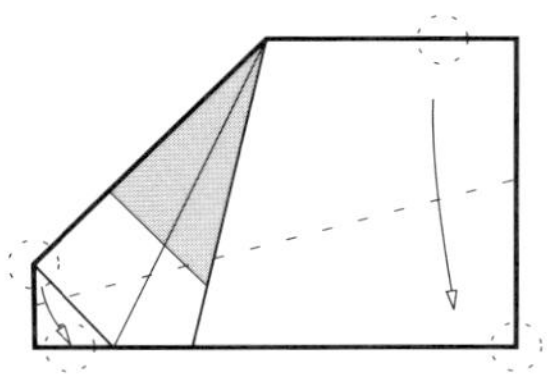

ポイントに合わせて
翼を折る

11

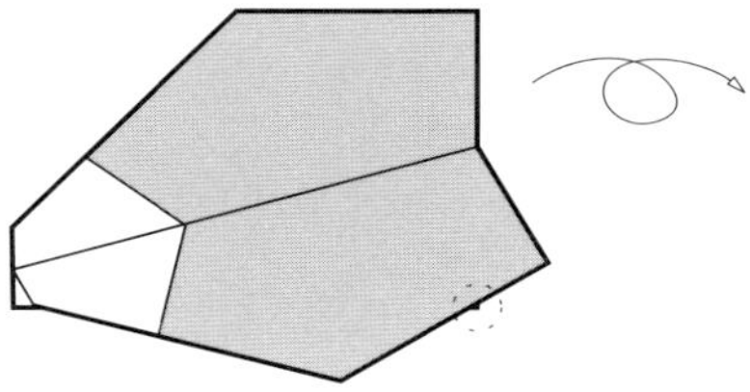

下の角ぎりぎりのと
ころまで折る

12

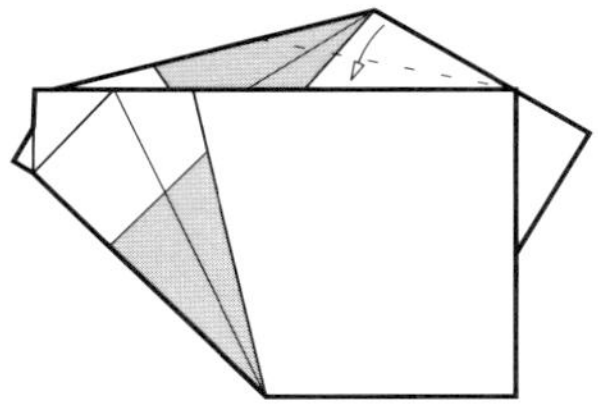

13

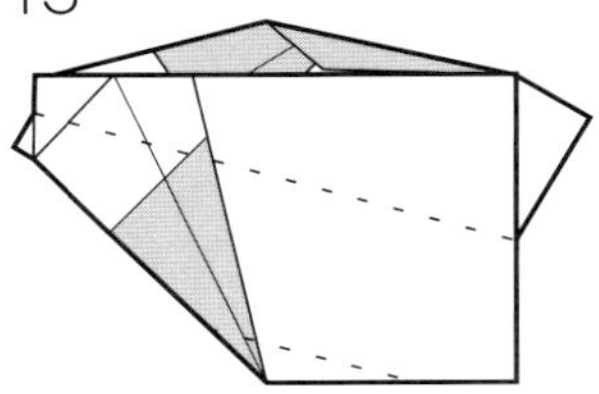

10〜12と同様に折る

14

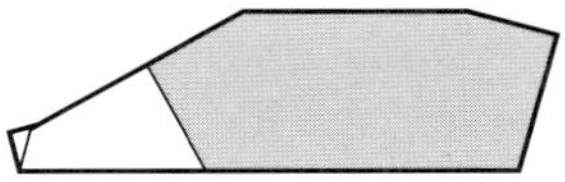

三面図のようにひらく

用紙を途中で裏返すことを忘れ
ないで！

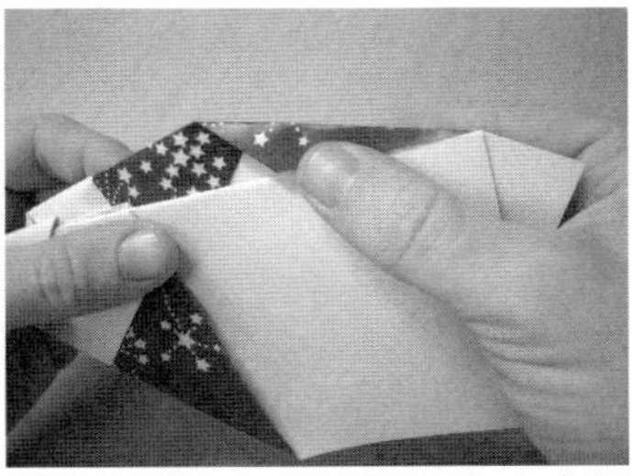

翼と翼端の折る位置をよく確認
してから折る

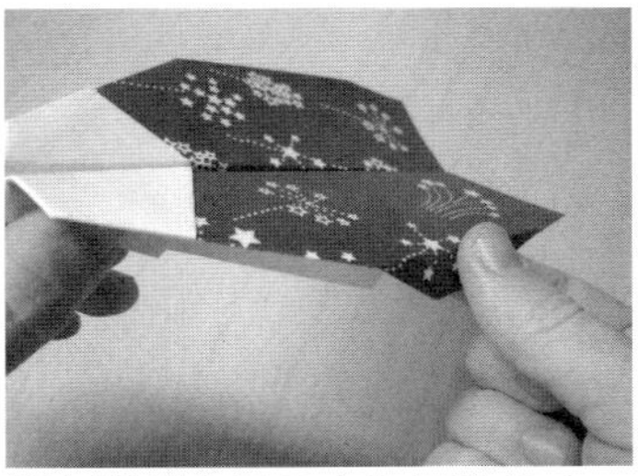

翼と翼端をこのようにひらく

三面図

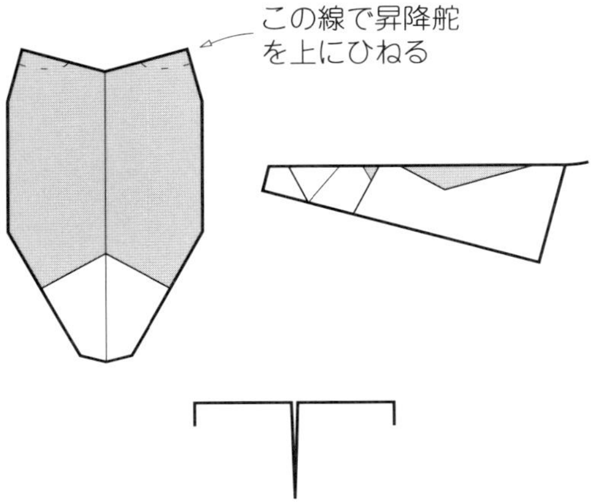

ニュー折り鶴号

1

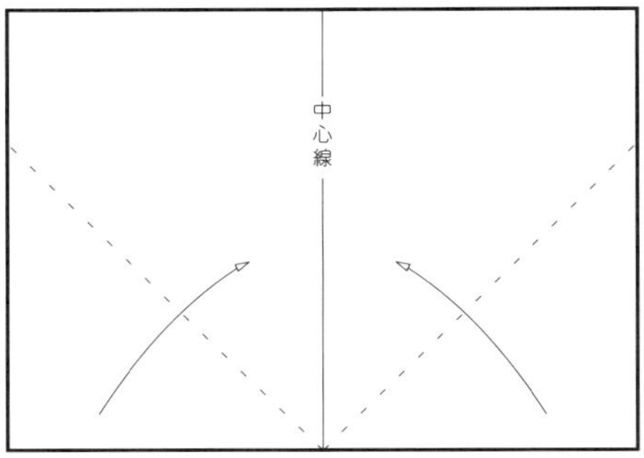

2

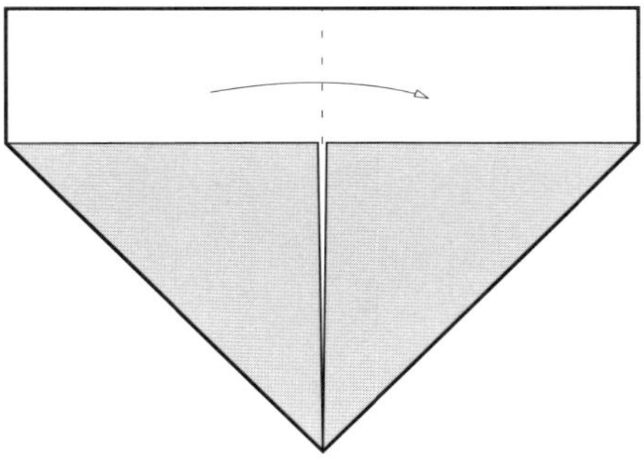

3

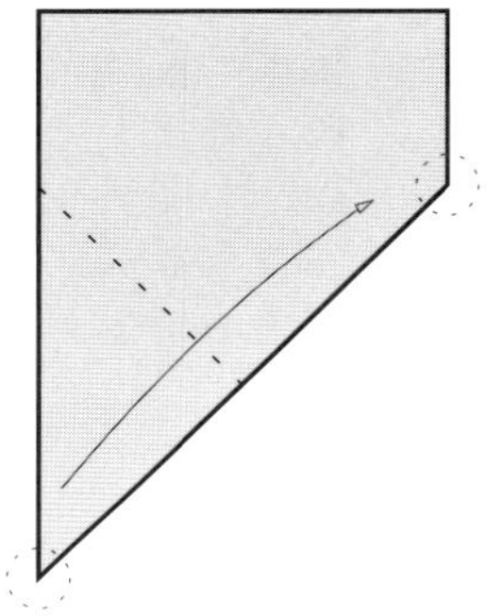

4

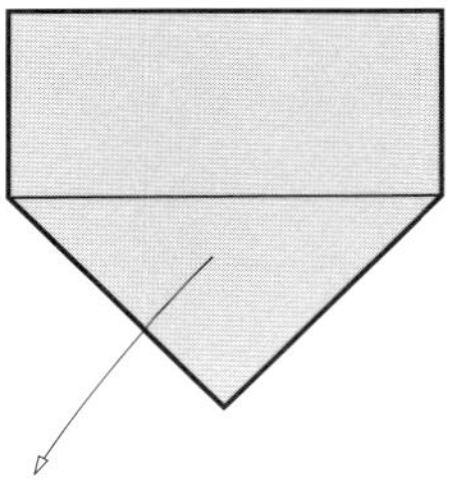

5

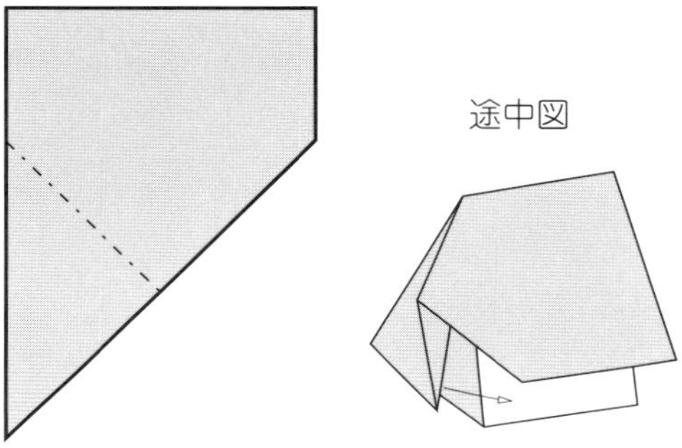

中割り折り

6

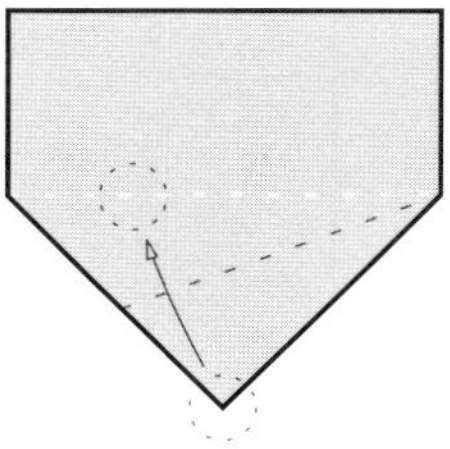

7

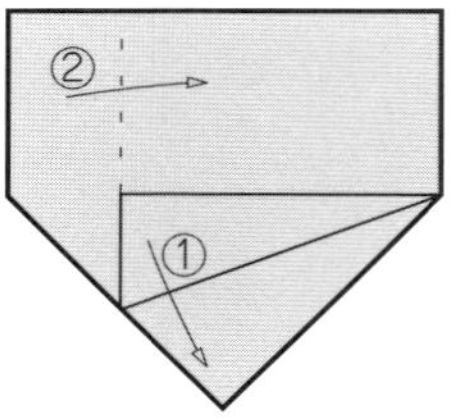

1で戻して2を折る

8

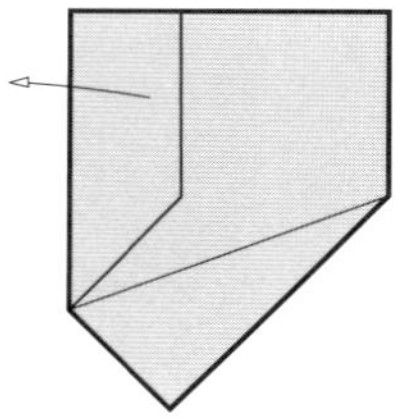

9

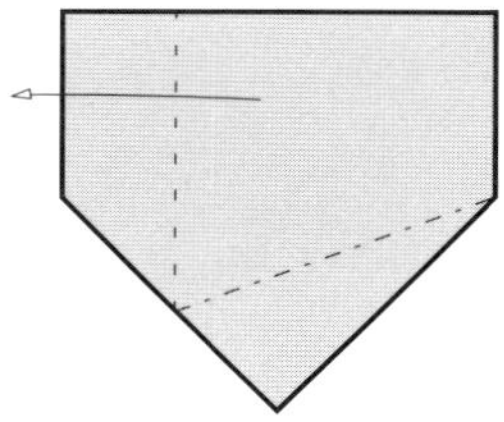

7,8で折った線を山折り
谷折りにして左側へ10
のようにひらく

10

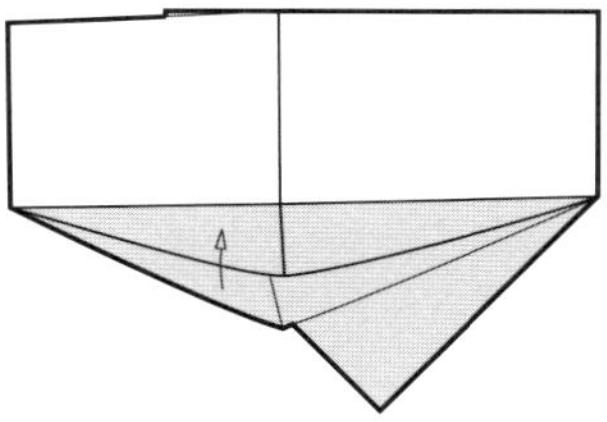

途中図
ひらいて折りつぶす

11

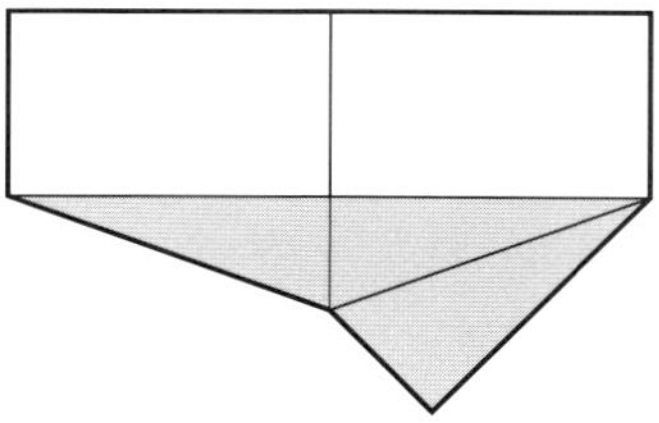

反対側も同様に折る

12

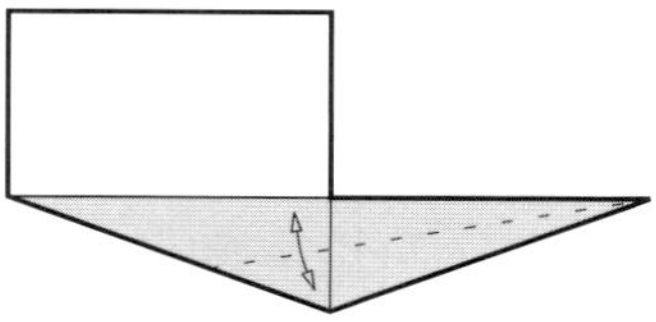

折って戻す

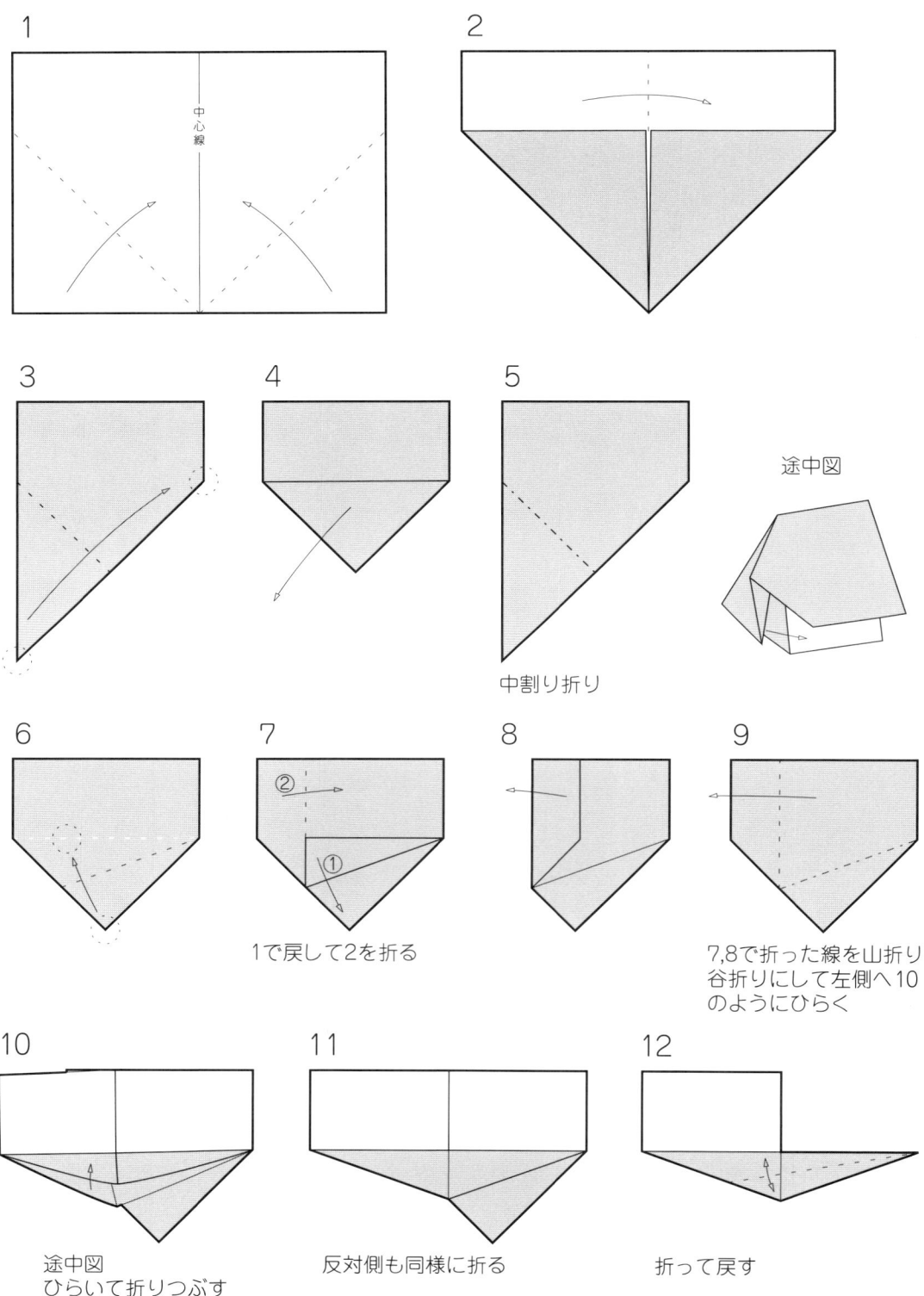

13

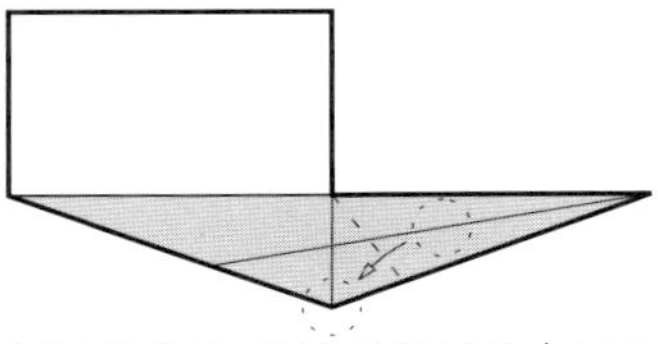

伝承のツルの首の折り方と同じ
中割折り。丸どうしを目標に

14

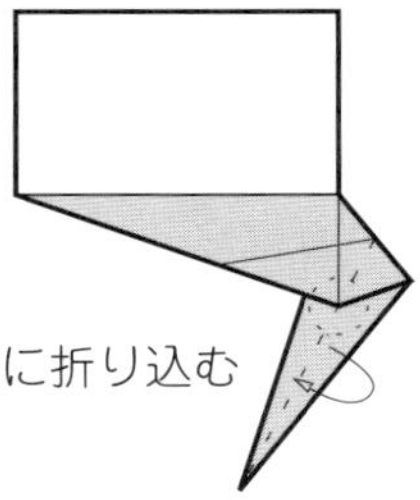

内側に折り込む

15

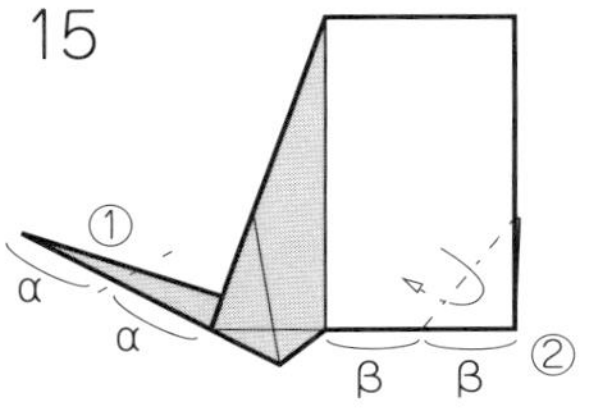

1,2は中割り折り

16

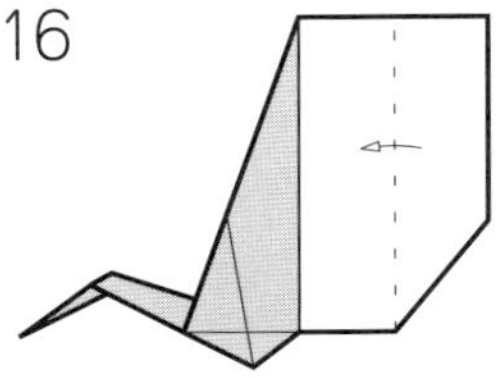

折る位置は17を参照

17

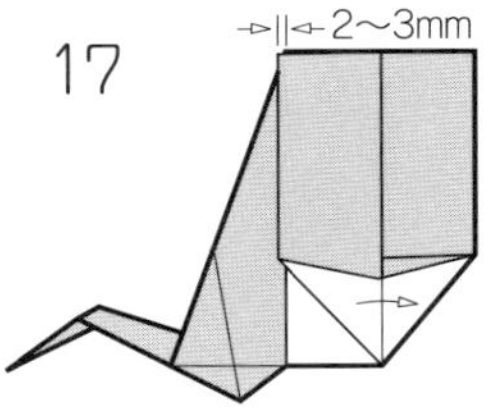

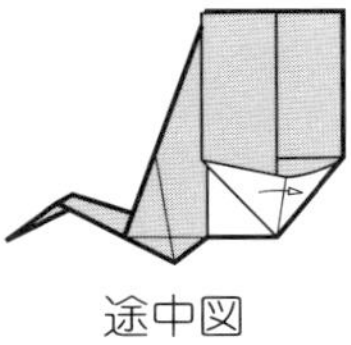

途中図

中から引き出す三角形を
折り直す

18

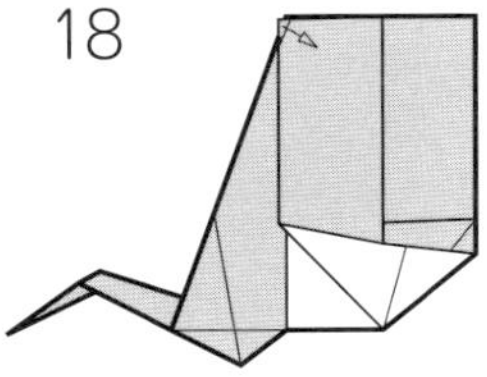

角を折る。反対側も
同様に折る

19

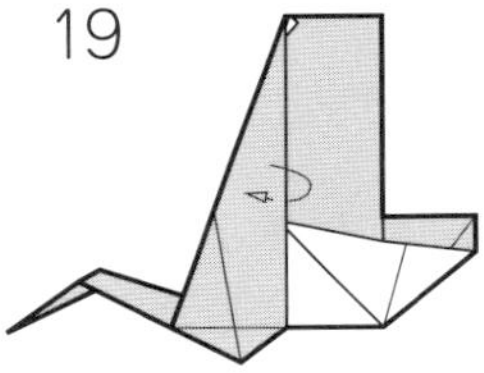

中に入れ込む

20

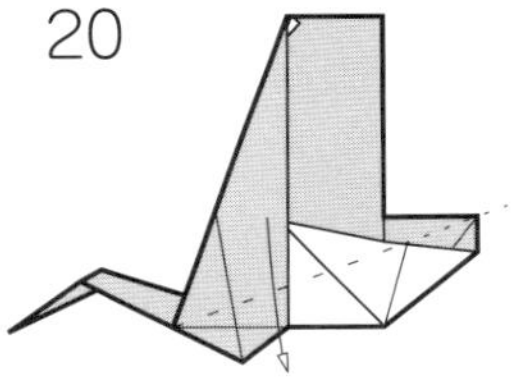

折る場所に注意

21

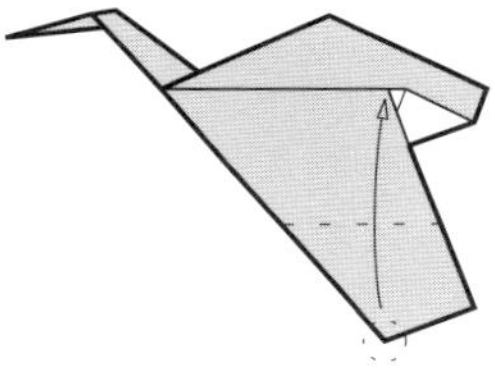

22

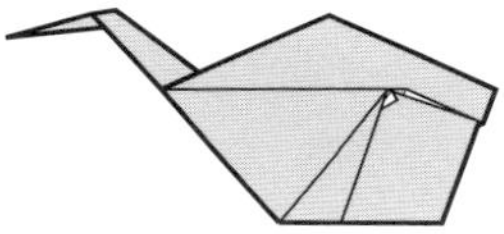

三面図のように翼を
ひらく

紙を広げるとき、三角部分をていねいに折り直す

翼のうしろを折るときも、翼の折り目を規準に三角の部分をていねいに折り直す

翼のうらを前縁の下に差しこむ

三面図

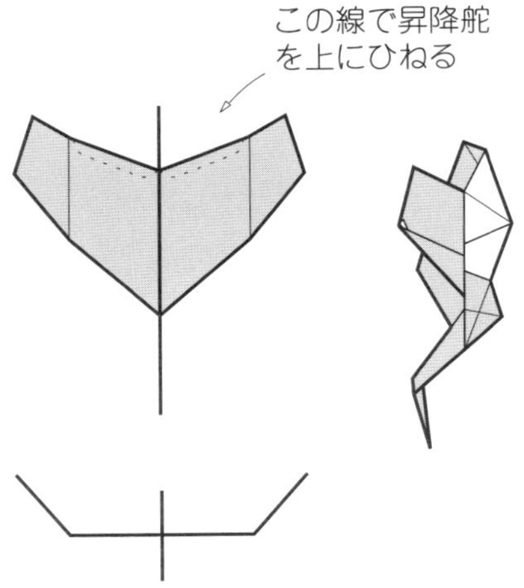

ウェーブライダー

1

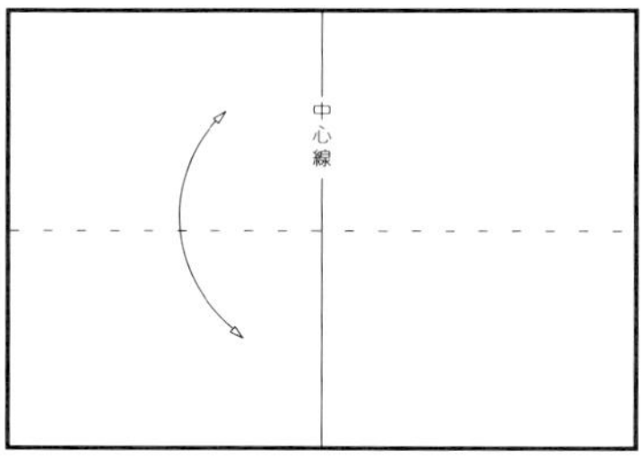

折って戻す

2

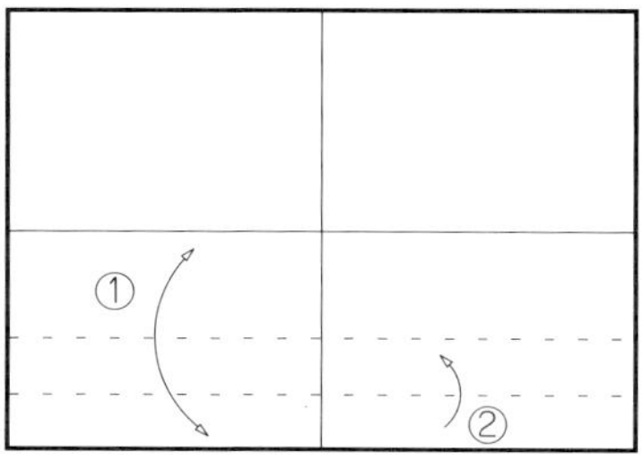

1を折って戻し、2を折る

3

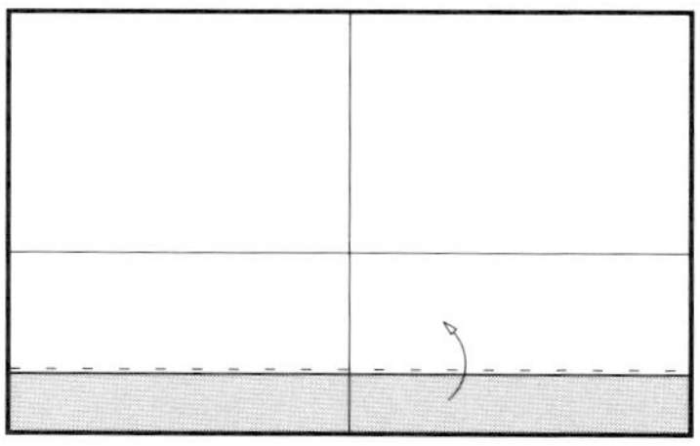

4

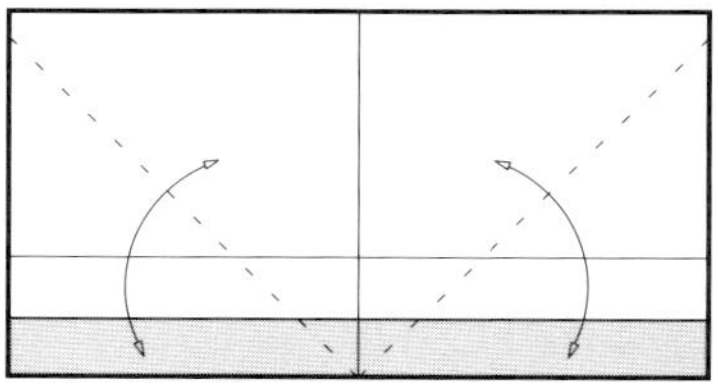

5

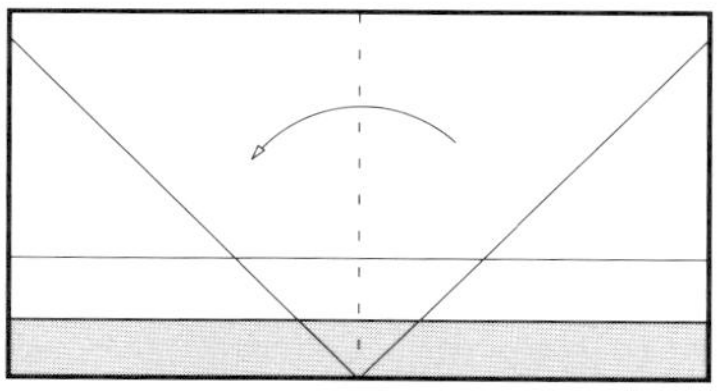

6

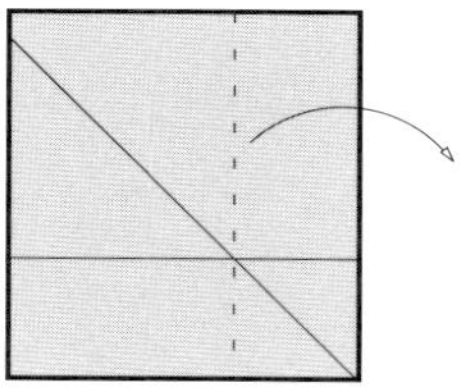

点線で折る

7

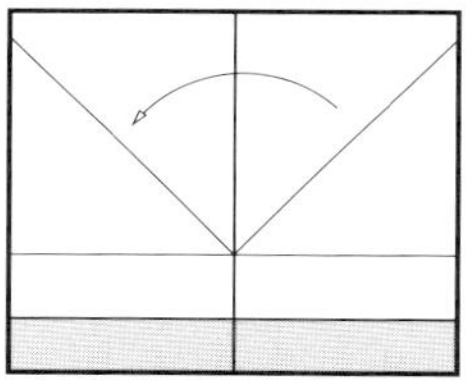

戻したら、うらも同
様に折る

8

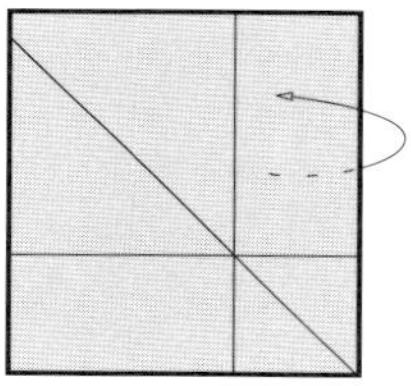

下の紙を上に
折りたたむ

9

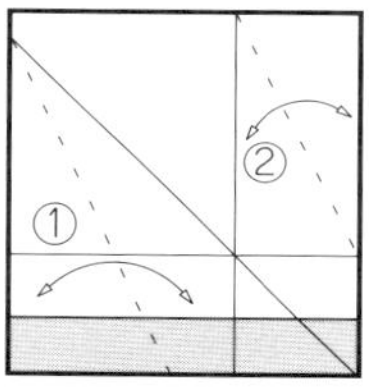

順番に折って戻す。
うらも同様に折る

10

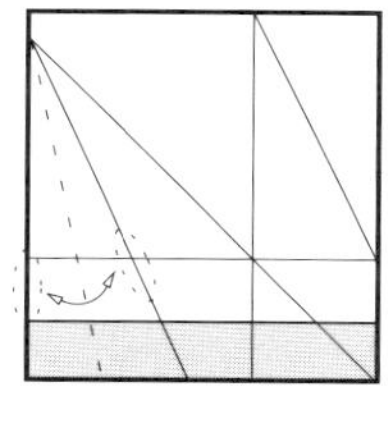

おもてもうらも
折って戻す

11

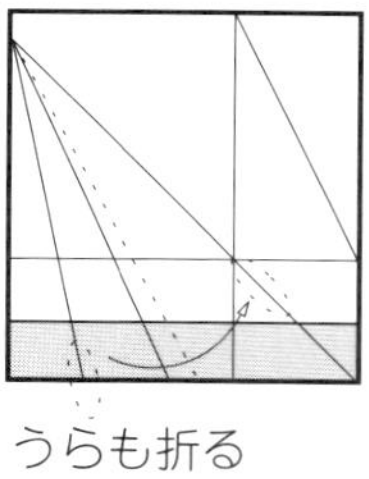

うらも折る

12

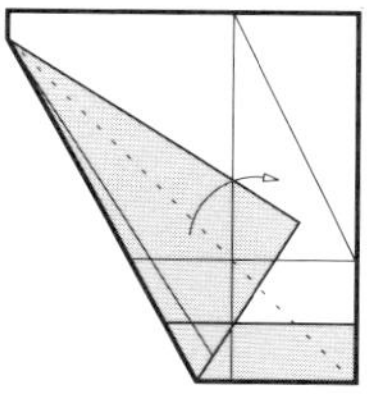

うらも折る

垂直尾翼の折り目を作る

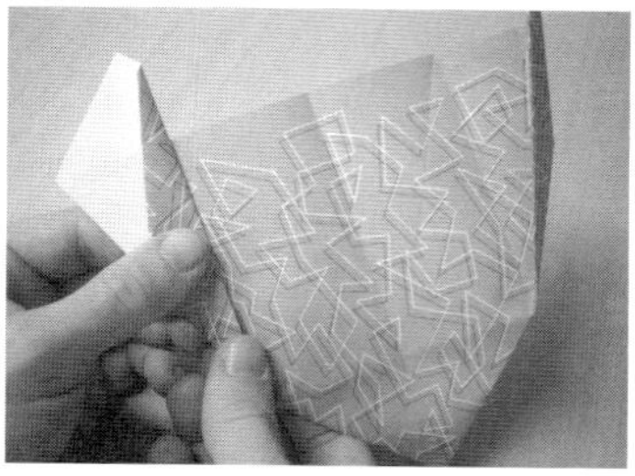

翼端を折り目に合わせて折る

機首を合わせてテープでとめる

13

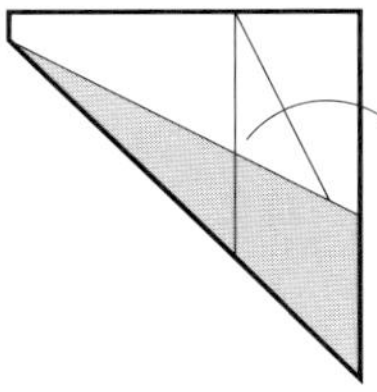

14

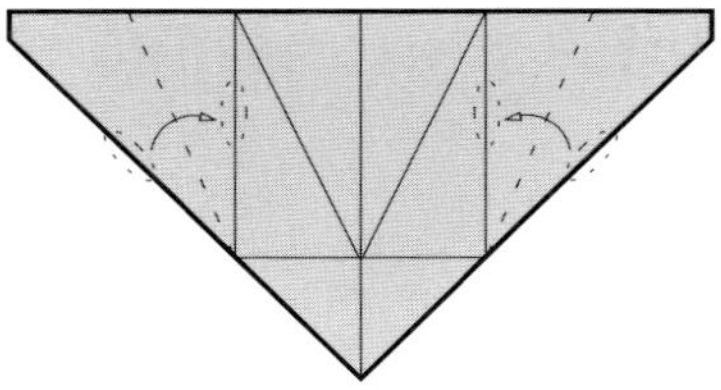

15

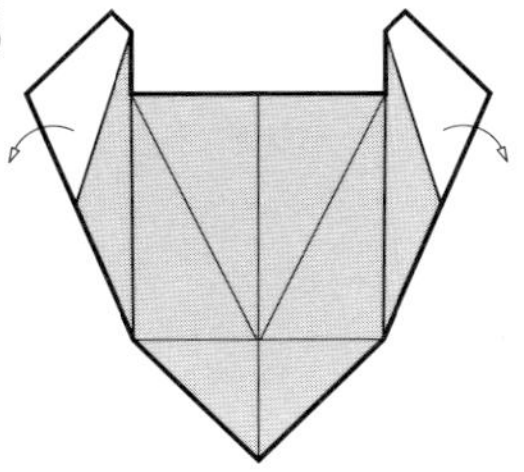

16

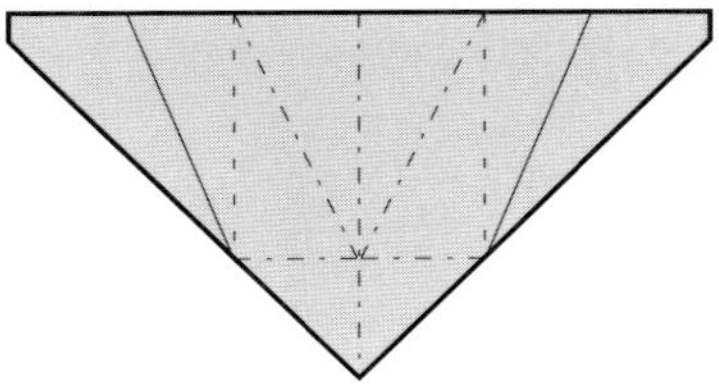

山折りと谷折りの折り線をつけながら内側に引きよせる

17

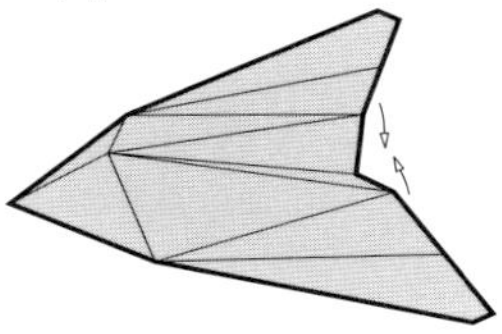

途中図

18

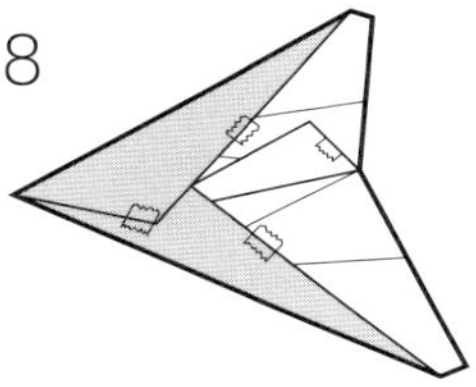

4カ所にテープをはってとめる

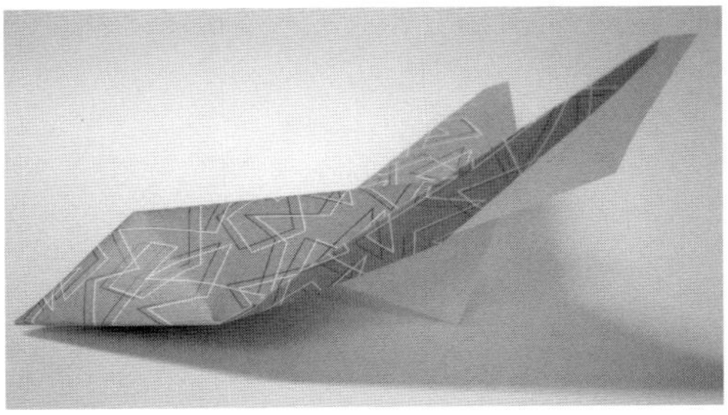

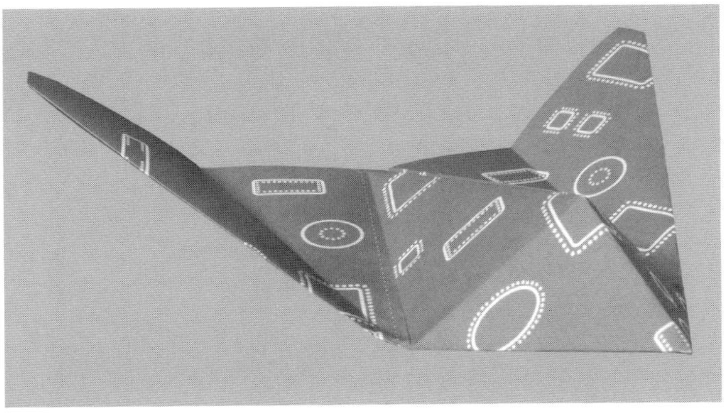

三面図

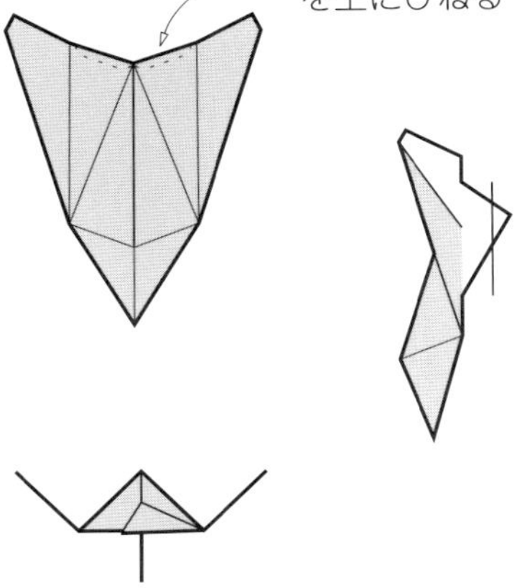

ネパールの子供たちに紙ヒコーキを教える著者

あとがき

「折り紙ヒコーキの魅力ってなんですか？」とよく聞かれることがあります。はっきりとは答えられませんが、あえて一言でいえば、「折り紙そのものが軽いから」ということになるでしょう。折ることにより一枚の紙に科学的な価値を加えられるから、と答えていたこともありますが、魅力というのは、理屈ではないと思います。

昨今、「ゆとりの教育」などというのも実施されましたが、学力は落ち、猟奇的な犯罪は増えるいっぽうです。それは子どものあそびを理論づけ、大人の管理下に置いた「つけ」がきたのではないかと私は思います。子どもの遊びは、技を競いあうものほど、しだいに禁止されていくような気がします。メンコやベーゴマは勝つと相手のものを奪い取るという勝負ごとが大人に嫌われました。しかし、その仕掛けと駆け引きがあってこそ、自分の技を磨くことにより真剣になったことは間違いないでしょう。

昔、ブランコの立ち飛び競争や、トム・ソーヤのように筏《いかだ》を組んで川下りをして、全校生徒の前で先生からこっぴどく叱られたことを覚えています。しかし、子どものもつ冒険心や、技の競いあいは、封じ込めようとすればするほど別な形となってあらわれ、大人が一方的に押さえきれるものではありません。それが結果的に、テレビゲームで何かを破壊したり、殺傷したりすることに刺激を求める風潮となって、なかにはそれを現実と錯誤して実践してしまうという者が出てきたりするのです。この傾向はもう止めようもないほどに、強い流れとなっているように思えます。紙ヒコーキの活動でそれが止められるとは言えませんが、少なくともブレーキをかける一つの力にはなるのではないかと思っています。

この本では、折り紙ヒコーキの魅力について、理屈ではなく、素朴に楽しんでいただけるように、やさしく折れて、親子や先生と一緒に遊べるようなヒコーキを選んだつもりです。新作もあり古典機もあり、ウェーブライダーのような立体機も収めてあります。私は今、仕事の関係で、東南アジア諸国を年に何回も訪れます。そのたびに、折り紙をカバンの中に忍ばせて、機会をみつけては、折り紙ヒコーキを折って、現地の人たちに見せたり教えたりしています。どこの国でも、大人も子ども目を輝かせて参加してくれますが、この「青空・紙ヒコーキ教室」は私のライフワークにしたいと思っています。

この本を出すにあたり、私の紙ヒコーキ仲間であり、良きライバルであるアンドリュー・デュアー氏の多大な協力を得ました。絵もすべて描いていただき、彼ならではの視点が随所に生かされていて、読みやすい絵本のようになったことを深く感謝します。そして、いつもの本作りの仲間、カメラマンの小野裕さん、編集部の浜崎さんに改めてお礼を申し上げます。

2005年3月　紙ヒコーキの伝道師　戸田拓夫

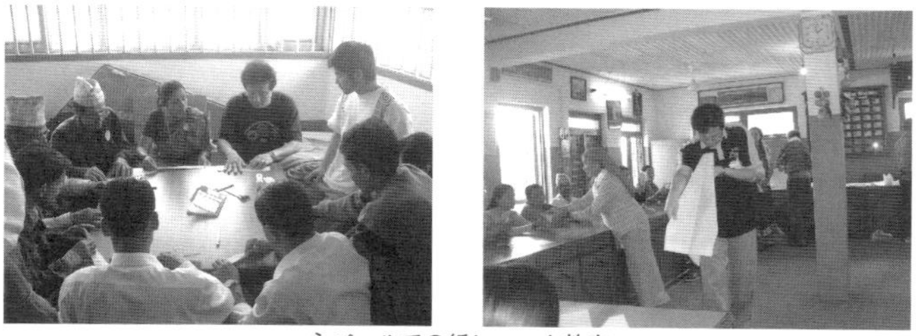

ネパールでの紙ヒコーキ教室

折り紙用紙

折り紙ヒコーキに適した8種類の紙が64枚とじてあります。各ヒコーキのイメージにあう紙を自由に使いましょう。紙は、本をよく開いて抜き取ってください。正方形の紙を使用するときは「……」で切ってください。

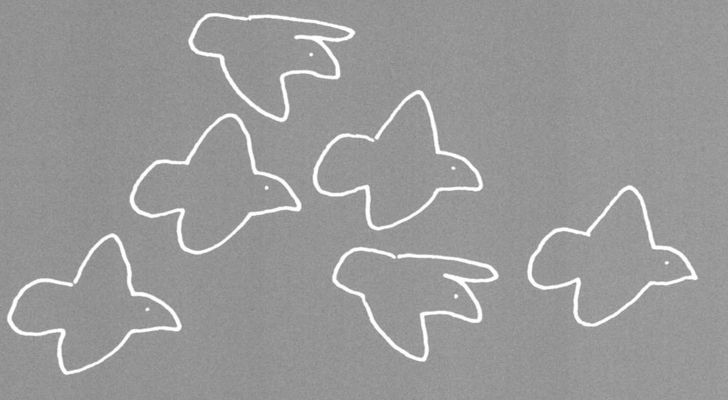

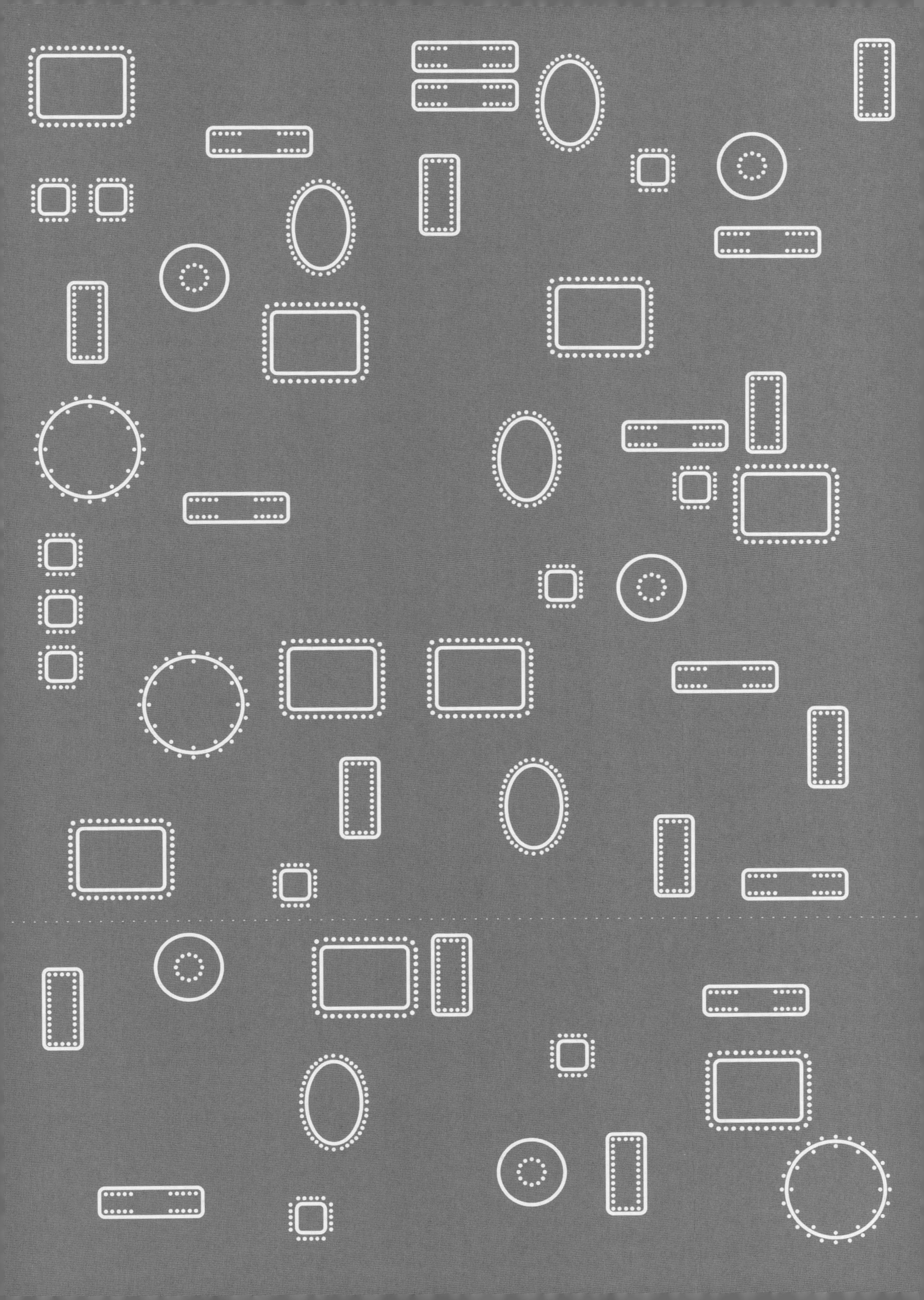

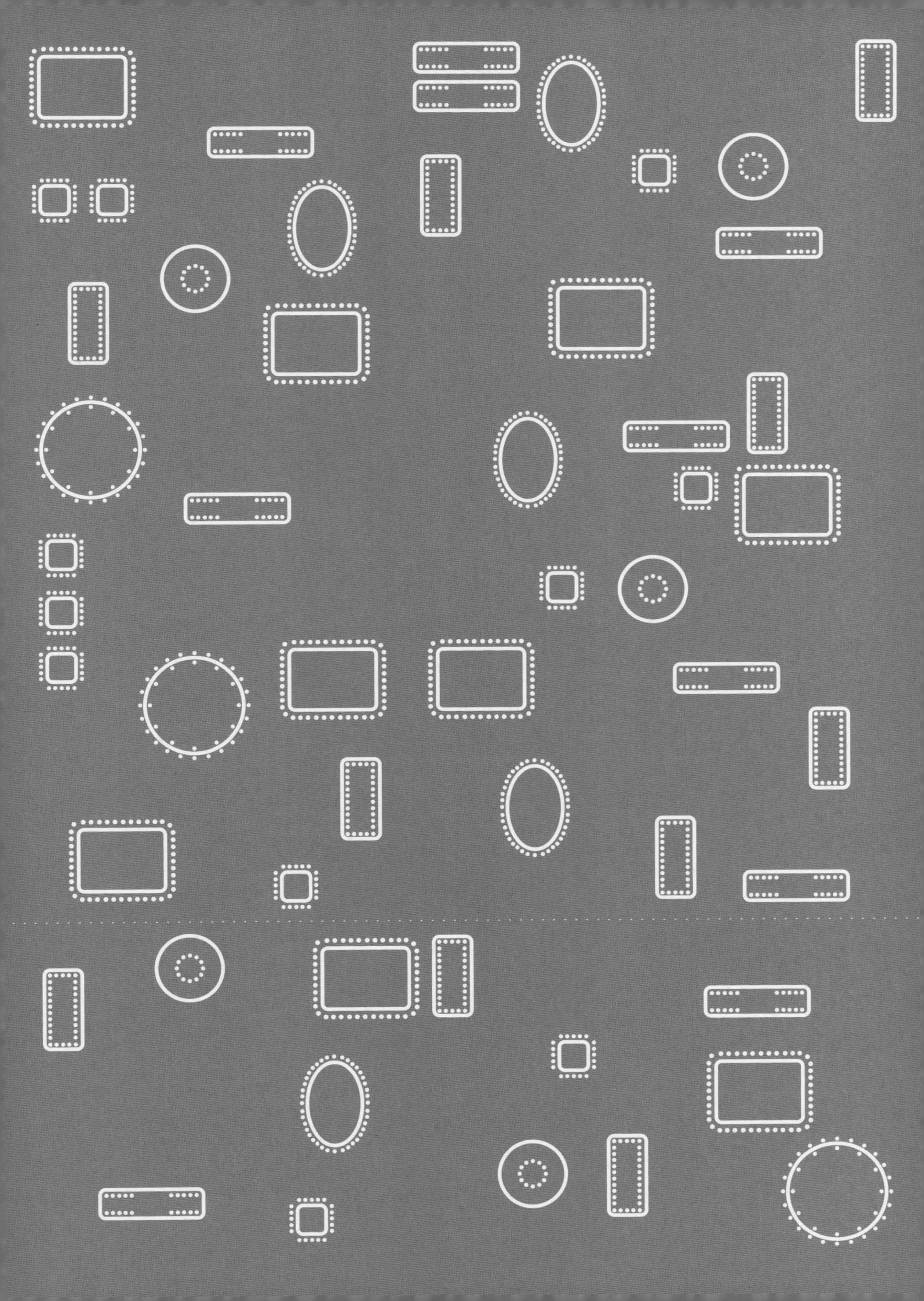

親子《おやこ》であそぶ　折《お》り紙《がみ》ヒコーキ

［著　者］　戸田拓夫《とだたくお》

［発行所］　株式会社 二見書房
東京都千代田区三崎町 2-18-11
電話 03（3515）2311［営業］
03（3515）2313［編集］
振替 00170-4-2639

［印刷］　図書印刷株式会社
［製本］　関川製本

落丁・乱丁本はお取り替えいたします。
定価は、カバーに表示してあります。

ISBN978-4-576-05054-6
http://www.futami.co.jp/